高等学校"十三五"应用型本科规划教材

形势与政策

主　编　李禾俊　戴　军
副主编　张璐宁　陈雪梅

西安电子科技大学出版社

内 容 简 介

　　本书以专题为单元进行编写，涉及当今国际和国内时政热点，共五个专题内容，分别为："十三五"规划纲要——对未来经济社会的展望；2016 年政府工作报告：积极推动"十三五"规划良好开局；经济新常态下供给侧结构性改革；中国经济新动能——"互联网+"与"中国制造 2025"；美国 TPP 战略与中国"一带一路"战略。本书从不同的角度深入阐述了党和国家的重大理论观点、战略思想和工作部署，并对当前国内外的政治经济形势作了详细的分析和判断。

　　本书可作为高等院校"形势与政策"课改教材。

图书在版编目(CIP)数据

形势与政策/李禾俊主编. —西安：西安电子科技大学出版社，2016.10
高等学校"十三五"应用型本科规划教材
ISBN 978-7-5606-4323-6

Ⅰ. ① 形…　Ⅱ. ① 李…　Ⅲ. ① 时事政策教育—高等学校—教材　Ⅳ. ① G641.41

中国版本图书馆 CIP 数据核字(2016)第 244848 号

策　　划　戚文艳
责任编辑　曹　超　马武装
出版发行　西安电子科技大学出版社(西安市太白南路 2 号)
电　　话　(029)88242885　88201467　　　邮　　编　710071
网　　址　www.xduph.com　　　　　　　电子邮箱　xdupfxb001@163.com
经　　销　新华书店
印刷单位　陕西天意印务有限责任公司
版　　次　2016 年 10 月第 1 版　　2016 年 10 月第 1 次印刷
开　　本　787 毫米×1092 毫米　1/16　印　张　8.875
字　　数　174 千字
印　　数　1～7500 册
定　　价　21.00 元
ISBN 978-7-5606-4323-6/G

XDUP 4615001-1

如有印装问题可调换

出 版 说 明

　　本书为西安科技大学高新学院课程建设的最新成果之一。西安科技大学高新学院是经教育部批准，由西安科技大学主办的全日制普通本科学校。

　　学院秉承西安科技大学五十余年厚重的历史文化积淀，充分发挥其优质教育教学资源和学科优势，注重实践教学，突出"产学研"相结合的办学特色，务实进取，开拓创新，取得了丰硕的办学成果。学院先后被评为"西安市文明校园"、"西安市绿化园林式校园"、陕西省民政厅"5A 级社会组织"单位；学院产学研基地建设项目于 2009—2015 年连续七年被列为"西安市重点建设项目"、2015—2016 年被列为"省级重点建设项目"；学院创业产业基地被纳入陕西省 2016 年文化产业与民生改善工程重点建设项目；2014 年被陕西省教育厅确定为"向应用技术型转型院校试点单位"，已成为一所管理规范、特色鲜明的普通本科院校。

　　学院现设置有机电信息学院、城市建设学院、经济与管理学院、能源学院和国际教育学院五个二级学院，以及公共基础部、体育部、思想政治教学与研究部三个教学部，开设有本、专科专业 38 个，涵盖工、管、文、艺等多个学科门类，在校生 12 000 余人。学院现占地 900 余亩，总建筑面积 23 万平方米，教学科研仪器设备总值 6000 余万元，建设有现代化的实验室、图书馆、运动场等教学设施，学生公寓、餐厅等后勤保障完善。

　　学院注重教学研究与教学改革，实现了陕西独立学院国家级教改项目零的突破。学院围绕"应用型创新人才"这一培养目标，充分利用合作各方在能源、建筑、机电、文化创意等方面的产业优势，突出以科技引领、产学研相结合的办学特色，加强实践教学，以科研、产业带动就业，为学生提供了实习、就业和创业的广阔平台。学院注重国际交流合作和国际化人才培养模式，与美国、加拿大、英国、德国、澳大利亚以及东南亚各国进行深度合作，开展本科双学位、本硕连读、本升硕、专升硕等多个人才培养交流合作项目。

　　在学院全面、协调发展的同时，学院以人才培养为根本，高度重视以课程设计为基本内容的各项专业建设，以扎扎实实的专业建设，构建学院社会办学的核心竞争力。学院大力推进教学内容和教学方法的变革与创新，努力建设与时俱进、先进实用的课程教学体系，在师资队伍、教学条件、社会实践及教材建设等各个方面，不断增加投入、提高质量，为广大学子打造能够适应时代挑战、实现自我发展的人才培养模式。为此，学院与西安电子科技大学出版社合作，发挥学院办学条件及优势，不断推出反映学院教学改革与创新成果的新教材，以逐步建设学校特色系列教材为又一举措，推动学院人才培养质量不断迈向新的台阶，同时为在全国建设独立本科教学示范体系，服务全国独立本科人才培养，做出有益探索。

西安科技大学高新学院

西安电子科技大学出版社

2016 年 6 月

高等学校"十三五"应用型本科规划教材
编审专家委员会名单

❖❖❖ 前　言 ❖❖❖

"形势与政策"课程是高校思想政治理论教学体系的重要组成部分，是高校思想政治理论教育的主渠道、主阵地，在大学生思想政治教育中担负着重要的使命。本课程主要帮助大学生全面正确地认识党和国家面临的形势和任务，引导其拥护党的路线、方针和政策，增强其实现改革开放和社会主义现代化建设宏伟目标的信心和社会责任感，提高其投身于国家经济建设事业的自觉性和态度，明确其自身的人生定位和奋斗目标，并使其统一思想、凝聚力量，坚定不移地走中国特色社会主义建设道路。

为进一步提高高校"形势与政策"课程的教学质量，帮助高校大学生提高思想政治素养，我们根据"形势与政策"课程的教学要点，结合"形势与政策"课程的教学实际，在深入学习研究当前国内外形势与国家政策方针的基础上，组织具有坚实理论基础和丰富教学经验的一线教师编写了本书。旨在向学生全面地介绍国内外形势并解读党和国家的政策，以进一步释放思想政治教育的功能，强化思想政治教育的效果。

本书采用专题式的编写方法，涉及国际和国内时政热点，全书共五个专题。编写组充分利用相关时事材料和资源，直接采用和吸收国家权威机构的最新成果，努力体现权威性、前沿性，注重理论与实际的结合、历史与现实的结合、稳定性与变动性的结合、学习知识与发展能力的结合，在相关问题的解读和分析上下足工夫，力求达到知识传递与思想深化的双重效果。本书不仅适合作为高等院校大学生"形势与政策"课程教学的参考书，还可帮助大众读者开阔视野，全面、正确地认识党和国家面临的形势与任务，提高认识、分析、判断形势的能力，理解党的路线、方针和政策。

本书由西安科技大学和西安科技大学高新学院多位教师共同编写完成。具体分工如下：西安科技大学马克思主义学院李禾俊负责统稿和审定；西安科技大学高新学院思政部戴军编写第一讲同时协助审定，张璐宁编写第二讲，陈雪梅编写第三讲、第五讲，高慧君编写第四讲。

"形势与政策"课程的特点决定了教材内容必须讲求时效性，因此，教材内容会紧跟形势，及时更新与修订。本书在编写的过程中参考了一些专家学者的研究成果，借鉴了相关资料，在此一并致以由衷的感谢。由于时间紧、任务重，加之编者水平有限，存在疏漏与不足之处在所难免，敬请专家和读者批评指正。

编写组

2016.6

❖❖❖ 目 录 ❖❖❖

第一讲 "十三五"规划纲要——对未来经济社会的展望 1

一、深刻认识要在未来五年内全面建成小康社会所面临的形势 1

二、准确把握"十三五"规划纲要的指导思想 4

三、"十三五"规划纲要的主要目标 5

四、"十三五"规划纲要中新的发展理念 7

五、全面部署"十三五"时期经济社会发展的战略任务 8

六、加强党的核心作用,激发各个主体的活力,确保"十三五"规划纲要落到实处 16

思考题 18

第二讲 2016 年政府工作报告:积极推动"十三五"规划良好开局 19

一、2016 年政府工作报告的主要内容 19

二、2016 年政府工作报告的主要特征 22

三、重点内容解读 27

四、2016 年政府工作报告的重要意义和深远影响 44

思考题 46

第三讲 经济新常态下供给侧结构性改革 47

一、供给侧结构性改革背景 47

二、供给侧结构性改革内涵 57

三、我国供给侧结构性改革进程和特征 60

四、供给侧结构性改革的影响和意义 69

思考题 75

第四讲 中国经济新动能—"互联网+"与"中国制造 2025" 76

一、"互联网+"时代 76

二、"中国制造 2025" 78

三、"互联网+"与"中国制造 2025"相互融合将是我国经济 82

发展新动能 82

四、"互联网+"与"中国制造 2025"对中国未来的影响 85

思考题 86

第五讲 美国 TPP 战略与中国"一带一路"战略 87

一、美国 TPP 战略与中国"一带一路"战略形成背景 87

二、美国 TPP 战略与中国"一带一路"战略主要内容 90

三、美国 TPP 战略基本特征与中国"一带一路"战略的发展历程 109

四、美国 TPP 战略与中国"一带一路"战略的影响和作用 111

思考题 132

参考文献 133

第一讲 "十三五"规划纲要
——对未来中国经济社会的展望

2016 年 3 月 16 日上午,第十二届全国人民代表大会第四次会议表决批准了《中华人民共和国国民经济和社会发展第十三个五年规划纲要》(以下简称"十三五"规划纲要)。

会议认为"十三五"规划纲要全面贯彻了《中共中央关于制定国民经济和社会发展第十三个五年规划建议》的精神,提出了"十三五"时期经济社会发展的主要目标、重点任务和重大举措,符合我国国情和实际,体现了全国各族人民的共同意愿,反映了时代发展的客观要求,经过努力是完全可以实现的。

一、深刻认识要在未来五年内全面建成小康社会所面临的形势

"十二五"时期是我国发展很不平凡的五年。面对错综复杂的国际环境和艰巨繁重的国内改革发展稳定任务,党中央、国务院带领全国各族人民顽强拼搏、开拓创新,经济社会发展取得了显著成就,顺利地完成了"十二五"规划确定的主要目标和任务。

"十二五"期间,我国积极应对国际金融危机持续影响等一系列重大风险挑战,适应经济发展新常态,不断创新和完善宏观调控,推动形成经济结构优化、发展动力转换、发展方式转变加快的良好态势。经济保持持续较快地发展,经济总量稳居世界第二位,人均国内生产总值增至 49351 元(折合 7924 美元)。经济结构调整取得了重大进展,农业稳定增长,第三产业增加值占国内生产总值比重超过第二产业,居民消费率不断提高,城乡区域差距趋于缩小,常住人口城镇化率达到 56.1%。基础设施水平全面跃升,高技术产业、战略性新兴产业加快发展,一些重大科技成果达到了世界先进水平。公共服务体系基本建立,覆盖面持续扩大。教育水平明显提升,全民健康状况得到明显改善,新增就业持续增加,贫困人口大幅减少。生态文明建设取得了新进展,主体功能区制度逐步健全,主要污染物排放持续减少,节能环保水平明显提升。全面深化改革有力推进,经济体制继续完善,人民民主不断扩大,依法治国开启新征程。全方位外交取得重大进展,国际地位显著提高,对外开放不断深入,成为全球第一货物贸易大国和主要对外投资大国,人民币纳入国际货币基金组织特别提款权货币篮子。中华民族伟大复兴的中国梦和社会主义核心价值观深入人心,国家文化软

实力不断增强。中国特色军事变革成就显著，强军兴军迈出新步伐。全面从严治党开创新局面，党风廉政建设成效显著。"十二五"的显著成功使我国经济实力、科技实力、国防实力、国际影响力又上了一个大台阶。

尤为重要的是，党的十八大以来，以习近平同志为总书记的党中央毫不动摇地坚持和发展中国特色社会主义，勇于实践、善于创新，深化对共产党执政规律、社会主义建设规律、人类社会发展规律的认识，形成一系列治国理政的新理念、新思想和新战略，为在新的历史条件下深化改革开放、加快推进社会主义现代化提供了科学理论指导和行动指南。

表1给出了"十二五"规划主要指标实现情况。

表1　"十二五"规划主要指标实现情况

指　　标	规划目标		实现情况	
	2015 年	年均增速[累计]	2015年	年均增速[累计]
➤经济发展				
(1) 国内生产总值(GDP)(万亿元)	—	7%	67.7	7.8%
(2) 服务业增加值比重(%)	47	—	50.5	—
(3) 常住人口城镇化率(%)	51.5		56.1	
➤科技教育				
(4) 九年义务教育巩固率(%)	93	—	93	—
(5) 高中阶段教育毛入学率(%)	87	—	87	—
(6) 研究与试验发展经费支出占 GDP 比重(%)	2.2	—	2.1	—
(7) 每万人口发明专利拥有量(件)	3.3	—	6.3	—
➤资源环境				
(8) 耕地保有量(亿亩)	18.18	—	18.65	—
(9) 单位工业增加值用水量降低(%)	—	[30]	—	[35]
(10) 农业灌溉用水有效利用系数	0.53	—	0.532	—
(11) 非化石能源占一次能源消费比重(%)	11.4	—	12	—
(12) 单位 GDP 能源消耗降低(%)	—	[16]	—	[18.2]
(13) 单位 GDP 二氧化碳排放降低(%)	—	[17]	—	[20]
(14) 主要污染物排放总量减少(%) 　　化学需氧量 　　二氧化硫 　　氨氮 　　氯氧化物	—	[8] [8] [10] [10]	—	[12.9] [18.0] [13.0] [18.6]
(15) 森林增长 　　森林覆盖率(%) 　　森林蓄积量(亿立方米)	21.66 143		21.66 151	

续表

指　　标	规划目标		实现情况	
	2015 年	年均增速[累计]	2015年	年均增速[累计]
➤人民生活				
(16)　城镇居民人均可支配收入(元)	—	>7%	—	7.7%
(17)　农村居民人均纯收入(元)	—	>7%	—	9.6%
(18)　城镇登记失业率(%)	<5	—	4.05	—
(19)　城镇新增就业人数(万人)	—	[4500]	—	[6431]
(20)　城镇参加基本养老保险人数(亿人)	3.57	—	3.77	—
(21)　城乡三项基本医疗保险参保率(%)	—	[3]	—	[>3]
(22)　城镇保障性安居工程建设(万套)	—	[3600]	—	[4013]
(23)　全国总人口(亿人)	<13.90	—	13.75	—
(24)　人均预期寿命(岁)	74.5	—	76.34	—

注：① GDP、居民收入增速按可比价计算，绝对数按当年价计算。② 2015 年耕地保有量根据第二次全国土地调查数据更新。③ [ ]内为 5 年累计数。

　　"十三五"时期，国内外发展环境会更加错综复杂。从国际上看，和平与发展的时代主题没有变，世界多极化、经济全球化、文化多样化、社会信息化将更加深入地发展。国际金融危机冲击和深层次影响在相当长的时期内依然存在，世界经济在深度调整中增长乏力。主要经济体走势和宏观政策取向分化，金融市场动荡不稳，大宗商品价格大幅波动，全球贸易持续低迷，贸易保护主义强化，新兴经济体发展困难且风险明显加大。新一轮科技革命和产业变革蓄势待发，国际能源格局发生重大调整。全球治理体系深刻变革，发展中国家群体力量继续增强，国际力量对比逐步趋向平衡。国际投资贸易规则体系加快重构，多边贸易体制受到区域性高标准自由贸易体制挑战。局部地区地缘博弈更加激烈，传统安全威胁和非传统安全威胁交织，国际关系复杂程度前所未有。外部环境不稳定不确定因素明显增多，我国发展面临的风险挑战加大。

　　从国内看，经济长期向好的基本面没有改变，发展前景依然广阔，但提质增效、转型升级的要求更加紧迫。经济发展进入新常态，向形态更高级、分工更优化、结构更合理阶段演化的趋势更加明显。消费升级加快，市场空间广阔，物质基础雄厚，产业体系完备，资金供给充裕，人力资本丰富，创新累积效应正在显现，综合优势依然显著。新型工业化、信息化、城镇化、农业现代化深入发展，新的增长动力正在孕育形成，新的增长点、增长极、增长带不断成长壮大。全面深化改革和全面推进依法治国正释放新的动力、激发新的活力。同时，必须清醒认识到，国内发展方式粗放，不平衡、不协调、不可持续问题仍然突出，经济增速换挡、结构调整阵痛、动能转换困难相互交织，面临稳增长、调结构、防风险、惠民生等多重挑战。有效需求乏力和有效供给不足并存，结构性矛盾更加凸显，传统比较优势减弱，创新能力不强，经济下行压力加大，财政收支矛盾更加突出，金融风险隐患增大。农业基础依然薄弱，部分行业产能过剩严重，商品房库存过高，企业效益下滑，债务水平持续上升。城乡区域发展不平衡，空间开发粗放低效，资源约束趋紧，生态环境恶化趋势尚未得到根本扭转。基本公共服务供给仍然不足，收入差距较大，人口老龄化加快，消除贫困任务艰巨。重大安全事故频发，影响社会稳定因素增多，国民文明素质和社会文明程度有待提高，法治建设有待加强，维护社会和谐稳定难度加大。

综合判断，我国发展仍处于可以大有作为的重要战略机遇期，也面临诸多矛盾叠加、风险隐患增多的严峻挑战。因此必须准确把握战略机遇期内涵和条件的深刻变化，增强忧患意识、责任意识，强化底线思维，尊重规律与国情，积极适应把握引领新常态，坚持中国特色社会主义政治经济学的重要原则，坚持解放和发展社会生产力，坚持社会主义市场经济改革方向，坚持调动各方面积极性，坚定信心，迎难而上，继续集中力量办好自己的事情。着力在优化结构、增强动力、化解矛盾、补齐短板上取得突破，切实转变发展方式，提高发展质量和效益，努力跨越"中等收入陷阱"，不断开拓发展新境界。

二、准确把握"十三五"规划纲要的指导思想

高举中国特色社会主义伟大旗帜，全面贯彻党的十八大和十八届三中、四中、五中全会精神，以马克思列宁主义、毛泽东思想、邓小平理论、"三个代表"重要思想、科学发展观为指导，深入贯彻习近平总书记系列重要讲话精神，坚持全面建成小康社会、全面深化改革、全面依法治国、全面从严治党的战略布局。坚持发展是第一要务，牢固树立和贯彻落实创新、协调、绿色、开放、共享的发展理念，以提高发展质量和效益为中心，以供给侧结构性改革为主线，扩大有效供给，满足有效需求，加快形成引领经济发展新常态的体制、机制和发展方式，保持战略定力。坚持稳中求进，统筹推进经济建设、政治建设、文化建设、社会建设、生态文明建设和党的建设，确保如期全面建成小康社会，为实现第二个百年奋斗目标、实现中华民族伟大复兴的中国梦奠定更加坚实的基础。

必须遵循以下原则：坚持人民主体地位。人民是推动发展的根本力量，实现好、维护好、发展好最广大人民根本利益是发展的根本目的。必须坚持以人民为中心的发展思想，把增进人民福祉、促进人的全面发展作为发展的出发点和落脚点，发展人民民主，维护社会公平正义，保障人民平等参与、平等发展权利，充分调动人民积极性、主动性、创造性。

要准确把握"十三五"规划的指导思想，应从以下几个方面去理解：

（1）坚持科学发展。发展是硬道理，发展必须是科学发展。我国仍处于并将长期处于社会主义初级阶段，基本国情和社会主要矛盾没有变，这是谋划发展的基本依据。必须坚持以经济建设为中心，从实际出发，把握发展新特征，加大结构性改革力度，加快转变经济发展方式，实现更高质量、更有效率、更加公平、更可持续的发展。

（2）坚持深化改革。改革是发展的强大动力。必须按照完善和发展中国特色社会主义制度、推进国家治理体系和治理能力现代化的总目标，健全使市场在资源配置中起决定性作用和更好发挥政府作用的制度体系，以经济体制改革为重点，加快完善各方面体制机制，破除一切不利于科学发展的体制机制障碍，为发展提供持续动力。

（3）坚持依法治国。法治是发展的可靠保障。必须坚定不移地走中国特色社会主义法治道路，加快建设中国特色社会主义法治体系，建设社会主义法治国家，推进科学立法、严格执法、公正司法、全民守法，加快建设法治经济和法治社会，把经济社会发展纳入法治轨道。

（4）坚持统筹国内国际两个大局。全方位对外开放是发展的必然要求。必须坚持打开国门搞建设，既立足国内，充分运用我国资源、市场、制度等优势，又重视国内国际经济联动效应，积极应对外部环境变化，更好利用两个市场、两种资源，推动互利共赢、共同发展。

（5）坚持党的领导。党的领导是中国特色社会主义制度的最大优势，是实现经济社会持续健康发展的根本政治保证。必须贯彻全面从严治党要求，不断增强党的创造力、凝聚力、战斗力，不断提高党的执政能力和执政水平，确保我国发展的航船沿着正确航道破浪前进。

三、"十三五"规划纲要的主要目标

按照全面建成小康社会新的目标要求，"十三五"规划纲要对今后五年经济社会发展的主要目标是：

经济保持中高速增长。在提高发展平衡性、包容性、可持续性的基础上，到2020年国内生产总值和城乡居民人均收入比2010年翻一番，主要经济指标平衡协调，发展质量和效益明显提高。产业迈向中高端水平，农业现代化进展明显，工业化和信息化融合发展水平进一步提高，先进制造业和战略性新兴产业发展加快，新产业、新业态不断成长，服务业比重进一步提高。

创新驱动发展成效显著。创新驱动发展战略深入实施，创业创新蓬勃发展，全要素生产率明显提高。科技与经济深度融合，创新要素配置更加高效，重点领域和关键坏节核心技术取得重大突破。自主创新能力全面增强，迈进创新型国家和人才强国行列。

发展协调性明显增强。消费对经济增长贡献继续加大，投资效率和企业效率明显上升。城镇化质量明显改善，户籍人口城镇化率加快提高。区域协调发展新格局基本形成，发展空间布局得到优化。对外开放深度广度不断提高，全球配置资源能力进一步增强，进出口结构不断优化，国际收支基本平衡。

人民生活水平和质量普遍提高。就业、教育、社保、医疗、住房等公共服务体系更加健全，基本公共服务均等化水平稳步提高。教育现代化取得重要进展，劳动年龄人口受教育年限明显增加。就业比较充分，收入差距缩小，中等收入人口比重上升。我国现行标准下农村贫困人口实现脱贫，贫困县全部摘帽，区域性整体贫困得到解决。

国民素质和社会文明程度显著提高。中国梦和社会主义核心价值观更加深入人心；爱国主义、集体主义、社会主义思想广泛弘扬，向上向善、诚信互助的社会风尚更加浓厚；国民思想道德素质、科学文化素质、健康素质明显提高；全社会法治意识不断增强。公共文化服务体系基本建成，文化产业成为国民经济支柱性产业。中华文化影响持续扩大。

生态环境质量总体改善。生产方式和生活方式的绿色、低碳水平上升。能源资源开发利用效率大幅提高，能源和水资源消耗、建设用地面积、碳排放总量得到有效控制，主要污染物排放总量大幅减少。主体功能区布局和生态安全屏障基本形成。

各方面制度更加成熟且更加定型。国家治理体系和治理能力现代化取得重大进展，各领域基础性制度体系基本形成。人民民主更加健全，法治政府基本建成，司法公信力明显提高。人权得到切实保障，产权得到有效保护。开放型经济新体制基本形成。中国特色现代军事体系更加完善。党建制度化水平显著提高。

表2给出了"十三五"时期经济社会发展的主要指标。

表2　"十三五"时期经济社会发展的主要指标

指　　标		2015 年	2020 年	年均增速[累计]	属性
➤经济发展					
(1) 国内生产总值(GDP)(万亿元)		67.7	>92.7	>6.5%	预期性
(2) 全员劳动生产率(万元/人)		8.7	>12	>6.6%	预期性
(3) 城镇化率	常住人口城镇化率(%)	56.1	60	[3.9]	预期性
	户籍人口城镇化率(%)	39.9	45	[5.1]	
(4) 服务业增加值比重(%)		50.5	56	[5.5]	预期性
➤创新驱动					
(5) 研究与试验发展经费投入强度(%)		2.1	2.5	[0.4]	预期性
(6) 每万人口发明专利拥有量(件)		6.3	12	[5.7]	预期性
(7) 科技进步贡献率(%)		55.3	60	[4.7]	预期性
(8) 互联网普及率	固定宽带家庭普及率(%)	40	70	[30]	预期性
	移动宽带用户普及率(%)	57	85	[28]	

续表

指　标		2015 年	2020 年	年均增速[累计]	属性
➤民生福祉					
(9) 居民人均可支配收入增长(%)		—	—	>6.5	预期性
(10) 劳动年龄人口平均受教育年限(年)		10.23	10.8	[0.57]	约束性
(11) 城镇新增就业人数(万人)		—	—	[>5000]	预期性
(12) 农村贫困人口脱贫(万人)		—	—	[5575]	约束性
(13) 基本养老保险参保率(%)		82	90	[8]	预期性
(14) 城镇棚户区住房改造(万套)		—	—	[2000]	约束性
(15) 人均预期寿命(岁)				[1]	预期性
➤资源环境					
(16) 耕地保有量(亿亩)		18.65	18.65	[0]	约束性
(17) 新增建设用地规模(万亩)		—	—	[<3256]	约束性
(18) 万元 GDP 用水量下降(%)		—	—	[23]	约束性
(19) 单位 GDP 能源消耗降低(%)		—	—	[15]	约束性
(20) 非化石能源占一次能源消费比重(%)		12	15	[3]	约束性
(21) 单位 GDP 二氧化碳排放降低(%)		—	—	[18]	约束性
(22) 森林发展	森林覆盖率(%)	21.66	23.04	[1.38]	约束性
	森林蓄积量(亿立方米)	151	165	[14]	
(23) 空气质量	地级及以上城市空气质量优良天数比率(%)	76.7	>0.8	—	约束性
	细颗粒物(PM$_{2.5}$)未达标地级及以上城市浓度下降(%)	—	—	[18]	
(24) 地表水质量	达到或好于Ⅲ类水体比例(%)	66	>70	—	约束性
	劣Ⅴ类水体比例(%)	9.7	<5	—	
(25) 主要污染物排放总量减少(%)	化学需氧量	—	—	[10]	约束性
	氨氮			[10]	
	二氧化硫			[15]	
	氮氧化物			[15]	

注：① GDP、全员劳动生产率增速按可比价计算，绝对数按 2015 年不变价计算。② [ ]内为 5 年累计数。③ PM$_{2.5}$ 未达标指年均值超过 35 微克/立方米。

四、"十三五"规划纲要中新的发展理念

要实现发展目标，破解发展难题，厚植发展优势，就必须牢固树立和贯彻落实创新、协调、绿色、开放、共享的新发展理念。

1．创新是引领发展的第一动力

必须把创新摆在国家发展全局的核心位置，不断推进理论创新、制度创新、科技创新、文化创新等各方面创新，让创新贯穿党和国家的一切工作，让创新在全社会蔚

然成风。

2．协调是持续健康发展的内在要求

必须牢牢把握中国特色社会主义事业的总体布局，正确处理发展中的重大关系，重点促进城乡区域协调发展，促进经济社会协调发展，促进新型工业化、信息化、城镇化、农业现代化同步发展。在增强国家硬实力的同时注重提升国家软实力，不断增强发展整体性。

3．绿色是永续发展的必要条件和人民对美好生活追求的重要体现

必须坚持节约资源和保护环境的基本国策，坚持可持续发展，坚定走生产发展、生活富裕、生态良好的文明发展道路，加快建设资源节约型、环境友好型社会，形成人与自然和谐发展现代化建设新格局，推进美丽中国建设，为全球生态安全作出新贡献。

4．开放是国家繁荣发展的必由之路

必须顺应我国经济深度融入世界经济的趋势，奉行互利共赢的开放战略，坚持内外需协调、进出口平衡、引进来和走出去并重，引资、引技和引智并举，发展更高层次的开放型经济，积极参与全球经济治理和公共产品供给，提高我国在全球经济治理中的制度性话语权，构建广泛的利益共同体。

5．共享是中国特色社会主义的本质要求

必须坚持发展为了人民、发展依靠人民、发展成果由人民共享的思想，作出更有效的制度安排，使全体人民在共建共享发展中有更多获得感。必须增强发展动力，增进人民团结，朝着共同富裕方向稳步前进。

坚持创新发展、协调发展、绿色发展、开放发展、共享发展，是关系我国发展全局的一场深刻变革。创新、协调、绿色、开放、共享的新发展理念是具有内在联系的集合体，是"十三五"乃至更长时期我国发展思路、发展方向、发展着力点的集中体现，必须贯穿于"十三五"经济社会发展的各领域、各环节。

五、全面部署"十三五"时期经济社会发展的战略任务

"十三五"规划纲要围绕全面建成小康社会新的目标要求和新的发展理念这条主线，把发展理念与发展任务统一起来，为"十三五"时期经济社会发展作出了一系列战略部署。

1．实施创新驱动发展战略

强化科技创新的引领作用，把发展基点放在创新上。以科技创新为核心，以人才发展为支撑，推动科技创新与大众创业万众创新有机结合，塑造更多依靠创新驱动、更多发挥先发优势的引领型发展。

发挥科技创新在全面创新中的引领作用。加强基础研究，强化原始创新、集成创新和引进消化吸收再创新。着力增强自主创新能力，为经济社会发展提供持久动力。通过推动战略前沿领域创新突破、优化创新组织体系、提升创新基础能力，打造区域创新高地。

把大众创业、万众创新融入发展各领域的各环节，鼓励各类主体开发新技术、新产品、新业态、新模式，打造发展新引擎。建设创业创新公共服务平台，全面推进众创、众包、众扶、众筹。

破除束缚创新和成果转化的制度障碍，优化创新政策供给，形成创新活力竞相迸发、创新成果高效转化、创新价值充分体现的体制机制。通过深化科技管理体制改革、完善科技成果转化和收益分配机制，构建普惠性创新支持政策体系。

把人才作为支撑发展的第一资源，加快推进人才发展体制和政策创新，构建有国际竞争力的人才制度优势，提高人才质量，优化人才结构，加快建设人才强国。主要通过建设规模宏大的人才队伍、促进人才优化配置、营造良好的人才发展环境等措施来完成。

坚持需求引领、供给创新，提高供给质量和效率，激活和释放有效需求，形成消费与投资良性互动、需求升级与供给升级协调共进的高效循环，增强发展新动能。主要通过促进消费升级、扩大有效投资、培育出口新优势等三个方面完成。

2．构建发展新体制

发挥经济体制改革牵引作用，正确处理政府和市场的关系，在重点领域和关键环节改革上取得突破性进展，形成有利于引领经济发展新常态的体制机制。

坚持以公有制为主体、多种所有制经济共同发展的基本经济制度。毫不动摇地巩固和发展公有制经济，毫不动摇鼓励、支持、引导非公有制经济发展，并依法监管各种所有制经济。具体方向有：大力推进国有企业改革、完善各类国有资产管理体制、积极稳妥地发展混合所有制经济和支持非公有制经济发展。

健全归属清晰、权责明确、保护严格、流转顺畅的现代产权制度。推进产权保护法治化，依法保护各种所有制经济权益。依法合规地界定企业财产权归属，保障国有资本收益权和企业自主经营权，健全规则、过程、结果公开的国有资产产权交易制度。完善农村集体产权权能，全面完成农村承包经营地、宅基地、农房、集体建设用地的确权登记颁证工作。完善集体经济组织成员认定办法和集体经济资产所有权实现形式，将经营性资产折股量化到本集体经济组织成员。规范农村产权流转交易，完善农村集体资产处置决策程序。全面落实不动产统一登记制度。加快构建自然资源资产产权制度，确定产权主体，创新产权实现形式。保护自然资源资产所有者的权益，公平分享自然资源资产收益。深化矿业权制度改革。建立健全生态环境性权益交易制度和平台。实施严格的知识产权保护制度，完善有利于激励创新的知识产权归属制度，建设知识产权运营交易和服务平台，从而加快知识产权强国建设。

加快形成统一开放、竞争有序的市场体系，建立公平竞争保障机制，打破地域分割和行业垄断，着力清除市场壁垒，促进商品和要素自由有序地流动、平等交换。通过健全要素市场体系、推进价格形成机制改革和维护公平竞争实现。

加快政府职能转变，持续推进简政放权、放管结合、优化服务，提高行政效能，并通过深入推进简政放权、提高政府监管效能和优化政府服务等措施去激发市场活力和社会创造力。

围绕解决中央地方事权和支出责任划分、完善地方税体系、增强地方发展能力、减轻企业负担等关键性问题。深化财税体制改革，通过确立合理有序的财力格局、建立全面规范公开透明的预算制度、改革和完善税费制度、完善财政可持续发展机制等措施建立健全现代财税制度。

完善金融机构和市场体系，促进资本市场健康发展。健全货币政策机制，深化金融监管体制改革，健全现代金融体系，提高金融服务实体经济效率和支持经济转型的能力，有效防范和化解金融风险。

健全宏观调控体系，创新宏观调控方式，增强宏观政策协同性。更加注重扩大就业、稳定物价、调整结构、提高效益、防控风险、保护环境。更加注重引导市场行为和社会预期，通过强化规划战略导向作用、改进调控方式和丰富政策工具、完善政策制定和决策机制、深化投融资体制改革等措施为结构性改革营造稳定的宏观经济环境。

3．推进农业现代化

农业是全面建成小康社会和实现现代化的基础，必须加快转变农业发展方式，着力构建现代农业产业体系、生产体系、经营体系，提高农业质量效益和竞争力，坚持走产出高效、产品安全、资源节约、环境友好的农业现代化道路。

通过提高粮食生产能力保障水平、加快推进农业结构调整、推进农村一二三产业融合发展、保障农产品质量安全、促进农业可持续发展、开展农业国际合作等做法来保谷物基本自给、口粮绝对安全、农业结构优化、农产品综合生产能力和质量安全水平提高、农产品更加有力的有效供给。

以发展多种形式的适度规模经营为引领，创新农业经营组织方式。构建以农户家庭经营为基础、合作与联合为纽带、社会化服务为支撑的现代农业经营体系，提高农业综合效益。健全现代农业科技创新推广体系，加快推进农业机械化，加强农业与信息技术融合，发展智慧农业，提高农业生产力水平。以保障主要农产品供给、促进农民增收、实现农业可持续发展为重点，完善强农惠农富农政策，提高农业支持保护效能。

4．优化现代产业体系

围绕结构深度调整、振兴实体经济，推进供给侧结构性改革，培育壮大新兴产业，改造提升传统产业，加快构建创新能力强、品质服务优、协作紧密、环境友好的现代产业新体系。

深入实施《中国制造 2025》，以提高制造业创新能力和基础能力为重点，推进信息技术与制造技术深度融合，促进制造业朝高端、智能、绿色、服务方向发展，培育制造业竞争新优势。主要做法有：全面提升工业基础能力、加快发展新型制造业、推动传统产业改造升级、加强质量品牌建设、积极稳妥化解产能过剩和降低实体经济企业成本。

瞄准技术前沿，把握产业变革方向，围绕重点领域，优化政策组合，拓展新兴产业增长空间，抢占未来竞争制高点，使战略性新兴产业增加值占国内生产总值比重达到 15%。具体做法有：提升新兴产业支撑作用、培育发展战略性产业、构建新兴产业发展新格局及完善新兴产业发展环境。

开展加快发展现代服务业行动，扩大服务业对外开放，优化服务业发展环境，推动生产性服务业向专业化和价值链高端延伸、生活性服务业向精细和高品质转变。

5. 拓展网络经济空间

牢牢把握信息技术变革趋势，实施网络强国战略，加快建设数字中国，推动信息技术与经济社会发展深度融合，加快推动信息经济发展壮大。

通过完善新一代高速光纤网络、构建先进泛在的无线宽带网、加快信息网络新技术开发应用、推进宽带网络提速降费等措施达到构建高速、移动、安全、泛在的新一代信息基础设施。信息网络技术广泛运用，形成万物互联、人机交互、天地一体的网络空间。

实施"互联网+"行动计划，促进互联网更深度广泛地应用，带动生产模式和组织方式变革，形成网络化、智能化、服务化、协同化的产业发展新形态。把大数据作为基础性战略资源，全面实施促进大数据发展行动，加快推动数据资源共享开放和开发应用，助力产业转型升级和社会治理创新。

统筹网络安全和信息化发展，完善国家网络安全保障体系，强化重要信息系统和数据资源保护，提高网络治理能力，保障国家信息安全。

6. 构筑现代基础设施网络

拓展基础设施建设空间，加快完善安全高效、智能绿色、互联互通的现代基础设施网络，能更好地发挥对经济社会发展的支撑引领作用。坚持网络化布局、智能化管理、一体化服务、绿色化发展，建设国内国际通道联通、区域城乡覆盖广泛、枢纽节点功能完善、运输服务一体高效的综合交通运输体系。

深入推进能源革命，着力推动能源生产利用方式变革，优化能源供给结构，提高能源利用效率，建设清洁低碳、安全高效的现代能源体系，维护国家能源安全。加快完善水利基础设施网络，推进水资源科学开发、合理调配、节约使用、高效利用，全面提升水安全保障能力。

7．推进新型城镇化

坚持以人的城镇化为核心、以城市群为主体形态、以城市综合承载能力为支撑、以体制机制创新为保障，加快新型城镇化步伐，提高社会主义新农村建设水平，努力缩小城乡发展差距，推进城乡发展一体化。

统筹推进户籍制度改革和基本公共服务均等化，健全常住人口市民化激励机制，推动更多人口融入城镇。加快构建以陆桥通道、沿长江通道为横轴，以沿海、京哈京广、包昆通道为纵轴，大中小城市和小城镇合理分布、协调发展的"两横三纵"城市化战略格局。

转变城市发展方式，提高城市治理能力，加大"城市病"防治力度，不断提升城市环境质量、居民生活质量和城市竞争力，努力打造和谐宜居、富有活力、各具特色的城市。构建以政府为主提供基本保障、以市场为主满足多层次需求的住房供应体系，优化住房供需结构，稳步提高居民住房水平，更好地保障住有所居。

推动新型城镇化和新农村建设协调发展，提升县域经济支撑辐射能力，促进公共资源在城乡间均衡配置，拓展农村广阔发展空间，形成城乡共同发展新格局。

8．推动区域协调发展

以区域发展总体战略为基础，以"一带一路"建设、京津冀协同发展、长江经济带发展为引领，形成沿海沿江沿线经济带为主的纵向横向经济轴带，塑造要素有序自由流动、主体功能约束有效、基本公共服务均等、资源环境可承载的区域协调发展新格局。

深入实施西部开发、东北振兴、中部崛起和东部率先的区域发展总体战略，创新区域发展政策，完善区域发展机制，促进区域协调、协同、共同发展，努力缩小区域发展差距。坚持优势互补、互利共赢、区域一体，调整优化经济结构和空间结构，探索人口经济密集地区优化开发新模式，建设以首都为核心的世界级城市群，辐射带动环渤海地区和北方腹地发展。

坚持生态优先、绿色发展的战略定位，把修复长江生态环境放在首要位置，推动长江上中下游协同发展、东中西部互动合作，将其建设成为我国生态文明建设的先行示范带、创新驱动带、协调发展带。加大对革命老区、民族地区、边疆地区和困难地区的支持力度，实施边远贫困地区、边疆民族地区和革命老区人才支持计划，推动经济加快发展、人民生活明显改善。

坚持陆海统筹，发展海洋经济，科学开发海洋资源，保护海洋生态环境，维护海洋权益，建设海洋强国。

9．加快改善生态环境

以提高环境质量为核心，以解决生态环境领域突出问题为重点，加大生态环境保护力度，提高资源利用效率，为人民提供更多优质生态产品，协同推进人民富裕、国家富强、中国美丽。

强化主体功能区作为国土空间开发保护基础制度的作用，加快完善主体功能区政策体系，并推动各地区依据主体功能定位发展。

树立节约集约循环利用的资源观，推动资源利用方式根本转变，加强全过程节约管理，大幅提高资源利用综合效益。具体措施有：全面推动能源节约、全面推进节水型社会建设、强化土地节约集约利用、加强矿产资源节约和管理、大力发展循环经济、倡导勤俭节约的生活方式、建立健全资源高效利用机制。

创新环境治理理念和方式，实行最严格的环境保护制度，强化排污者主体责任，形成政府、企业、公众共治的环境治理体系，实现环境质量总体改善。坚持保护优先、自然恢复为主，推进自然生态系统保护与修复，构建生态廊道和生物多样性保护网络，全面提升各类自然生态系统稳定性和生态服务功能，筑牢生态安全屏障。坚持减缓与适应并重，主动控制碳排放，落实减排承诺，增强适应气候变化能力，深度参与全球气候治理，为应对全球气候变化作出贡献。

加强生态文明制度建设，建立健全生态风险防控体系，提升突发生态环境事件应对能力，保障国家生态安全。

培育服务主体，推广节能环保产品，支持技术装备和服务模式的创新，完善政策机制，促进节能环保产业发展壮大。

10. 构建全方位开放新格局

以"一带一路"建设为统领，丰富对外开放内涵，提高对外开放水平，协同推进战略互信、投资经贸合作、人文交流，努力形成深度融合的互利合作格局，开创对外开放新局面。

全面推进双向开放，促进国内国际要素有序流动、资源高效配置、市场深度融合，加快培育国际竞争新优势。具体措施有：完善对外开放区域布局、深入推进国际产能和装备制造合作、加快对外贸易优化升级、提升利用外资和对外投资水平。

完善法治化、国际化、便利化的营商环境。健全有利于合作共赢，同国际投资贸易规则相适应的体制机制。秉持亲诚惠容，坚持共商共建共享原则，开展与有关国家和地区多领域互利共赢的务实合作，打造陆海内外联动、东西双向开放的全面开放新格局。

推动国际经济治理体系改革完善，积极引导全球经济议程，维护和加强多边贸易体制，促进国际经济秩序朝着平等公正、合作共赢的方向发展，共同应对全球性挑战。扩大对外援助规模，完善对外援助方式，为发展中国家提供更多免费的人力资源、发展规划、经济政策等方面的咨询培训。扩大科技教育、医疗卫生、防灾减灾、环境治理、野生动植物保护、减贫等领域对外合作和援助，并加大人道主义援助力度。积极落实 2030 年可持续发展议程。推动形成多元化开发性融资格局。维护国际公共安全，反对一切形式的恐怖主义，积极支持并参与联合国维和行动，加强防扩散国际合作，参与管控热点敏感问题，共同维护国际通道安全。加强多边和双边协调，参与国际网络空间治理，维护全球网络安全。推动反腐败国际合作。

11．深化内地和港澳、大陆和台湾地区合作发展

支持港澳巩固传统优势、培育发展新优势。拓宽两岸关系和平发展道路，更好实现经济互补互利、共同发展。全面准确贯彻"一国两制"、"港人治港"、"澳人治澳"、高度自治的方针，严格依照宪法和基本法办事，发挥港澳独特优势，提升港澳在国家经济发展和对外开放中的地位和功能，支持港澳发展经济、改善民生、推进民主、促进和谐。

坚持"九二共识"和一个中国原则，坚决反对"台独"。在坚持原则立场的基础上，以互利共赢的方式深化两岸经济合作，扩大两岸合作领域，增进两岸同胞福祉，巩固和推进两岸关系和平发展。

12．全力实施脱贫攻坚

充分发挥政治优势和制度优势，贯彻精准扶贫、精准脱贫基本方略，创新扶贫工作机制和模式，采取超常规措施，加大扶贫攻坚力度，坚决打赢脱贫攻坚战。

按照扶贫对象精准、项目安排精准、资金使用精准、措施到户精准、因村派人精准、脱贫成效精准的要求，切实提高扶贫实效，稳定实现农村贫困人口不愁吃、不愁穿，义务教育、基本医疗和住房安全有保障的目标。

把革命老区、民族地区、边疆地区、集中连片贫困地区作为脱贫攻坚重点。持续加大对集中连片特殊困难地区的扶贫投入力度，增强"造血"能力，实现贫困地区农民人均可支配收入增长幅度高于全国平均水平，基本公共服务主要领域指标接近全国平均水平。

完善扶贫脱贫扶持政策，健全扶贫工作机制，创新各类扶贫模式及其考评体系，为脱贫攻坚提供强有力支撑。

13．提升全民教育和健康水平

把提升人的发展能力放在突出重要位置，全面提高教育、医疗卫生水平，着力增强人民科学文化和健康素质，加快建设人力资本强国。

全面贯彻党的教育方针，坚持教育优先发展，加快完善现代教育体系，全面提高教育质量，促进教育公平，培养德智体美全面发展的社会主义建设者和接班人。具体措施有：加快基本公共教育均衡发展、推进职业教育产教融合、提升大学创新人才培养能力、加快学习型社会建设、增强教育改革发展活力。

深化医药卫生体制改革，坚持预防为主的方针，建立健全基本医疗卫生制度，实现人人享有基本医疗卫生服务，推广全民健身，提高人民健康水平。具体措施有：全面深化医药卫生体制改革、健全全民医疗保障体系、加强重大疾病防治和基本公共卫

生服务、加强妇幼卫生保健及生育服务、完善医疗服务体系、促进中医药传承与发展、广泛开展全民健身运动、保障食品药品安全。

14. 提高民生保障水平

按照人人参与、人人尽力、人人享有的要求，坚守底线、突出重点、完善制度、引导预期，注重机会公平，保障基本民生，不断提高人民生活水平，实现全体人民共同迈入全面小康社会。

坚持普惠性、保基本、均等化、可持续方向。从解决人民最关心、最直接、最现实的利益问题入手，增强政府职责，提高公共服务共建能力和共享水平。实施更加积极的就业政策，创造更多就业岗位，着力解决结构性就业矛盾，鼓励以创业带就业，实现比较充分和高质量的就业。

正确处理公平和效率关系。坚持居民收入增长和经济增长同步、劳动报酬提高和劳动生产率提高同步。持续增加城乡居民收入，规范初次分配，加大再分配调节力度。调整优化国民收入分配格局，努力缩小全社会收入差距。

坚持全民覆盖、保障适度、权责清晰、运行高效，稳步提高社会保障统筹层次和水平，建立更加健全、更加公平、更可持续的社会保障制度。加强顶层设计，构建以人口战略、生育政策、就业制度、养老服务、社保体系、健康保障、人才培养、环境支持、社会参与等为支撑的人口老龄化应对体系。坚持男女平等的基本国策和儿童优先的道德价值观，切实加强妇女、未成年人、残疾人等社会群体权益保护，公平参与并更多分享发展成果。

15. 加强社会主义精神文明建设

坚持社会主义先进文化的前进方向，坚持以人民为中心的工作导向，坚持把社会效益放在首位、实现社会效益和经济效益相统一。加快文化改革发展，推动物质文明和精神文明协调发展，建设社会主义文化强国。

以社会主义核心价值观为引领，加强思想道德建设和社会诚信建设，弘扬中华传统美德和时代新风，倡导科学精神和人文精神，全面提高国民素质和社会文明程度。

推进文化事业和文化产业双轮驱动，实施重大文化工程和文化名家工程，为全体人民提供昂扬向上、多姿多彩、怡养情怀的精神食粮。具体措施有：繁荣发展社会主义文艺、构建现代公共文化服务体系、加快发展现代文化产业、建设现代传媒体系、加强网络文化建设、深化文化体制改革。

加大中外人文交流力度，创新对外传播、文化交流、文化贸易方式，在交流互鉴中展示中华文化独特魅力，推动中华文化走向世界。

16. 加强和创新社会治理

加强社会治理基础制度建设，构建全民共建共享的社会治理格局，提高社会治理能力和水平，实现社会充满活力、安定和谐。

完善党委领导、政府主导、社会协同、公众参与、法治保障的社会治理体制，实现政府治理和社会调节、居民自治良性互动。加快推进政务诚信、商务诚信、社会诚信和司法公信等重点领域信用建设，推进信用信息共享，健全激励惩戒机制，提高全社会诚信水平。

牢固树立安全发展观念，坚持人民利益至上，加强全民安全意识教育，健全公共安全体系，为人民安居乐业、社会安定有序、国家长治久安编织全方位、立体化的公共安全网，建设平安中国。深入贯彻总体国家安全观，实施国家安全战略，不断提高国家安全能力，切实保障国家安全。

17. 坚持和完善中国共产党制定的各项制度

坚持中国共产党领导、人民当家作主、依法治国的有机统一，加快建设社会主义法治国家，发展社会主义政治文明。

坚持和完善人民代表大会制度、中国共产党领导的多党合作和政治协商制度、民族区域自治制度以及基层群众自治制度，扩大公民有序政治参与，充分发挥我国社会主义政治制度优越性。加强协商民主制度建设，构建程序合理、环节完整的协商民主体系，进一步加强政党协商，拓宽国家政权机关、政协组织、党派团体、基层组织、社会组织的协商渠道。完善基层民主制度，畅通民主渠道，健全基层选举、议事、公开、述职、问责等机制。开展形式多样的基层民主协商，推进基层协商制度化。

坚持依法治国、依法执政、依法行政共同推进，坚持法治国家、法治政府、法治社会一体建设，建设中国特色社会主义法治体系，建设社会主义法治国家。

18. 统筹经济建设和国防建设

坚持发展和安全兼顾、富国和强军统一，实施军民融合发展战略，形成全要素、多领域、高效益的军民深度融合发展格局，全面推进国防和军队现代化。

六、加强党的核心作用，激发各个主体的活力，确保"十三五"规划纲要落到实处

确保"十三五"规划有效实施，要在中国共产党的领导下，更好履行各级政府职责，最大程度地激发各类主体的活力和创造力，形成全党全国各族人民全面建成小康社会的强大合力。

坚持党总揽全局、协调各方，发挥各级党委(党组)领导核心作用，提高领导能力和水平，为实现"十三五"规划纲要提供坚强保证。坚持党要管党、从严治党，以改革创新精神全面推进党的建设新的伟大工程，保持和发展党的先进性、纯洁性，提高党的执政能力，确保党始终成为中国特色社会主义事业的坚强领导核心。加强领导班子和干部队伍建设，完善政绩考核评价体系和奖惩机制，调动各级干部干事创业积极性、主动性、创造性。强化基层党组织整体功能，发挥战斗堡垒作用和党员先锋模范

作用，从而更好地带领群众全面建成小康社会。

注重发挥工会、共青团、妇联等群团组织的作用，巩固和发展最广泛的爱国统一战线。全面落实党的知识分子、民族、宗教、侨务等政策，充分发挥民主党派、工商联和无党派人士作用，最大限度地凝聚全社会共识和力量，推进改革发展，维护社会和谐稳定。

明确政府主体责任，科学制定政策和配置公共资源，广泛动员全社会力量，共同推动规划顺利实施。

1. 加强规划协调管理

加强统筹管理和衔接协调，形成以国民经济和社会发展总体规划为统领，专项规划、区域规划、地方规划、年度计划等为支撑的发展规划体系。国务院有关部门要组织编制一批国家级专项规划特别是重点专项规划，细化落实"十三五"规划纲要提出的主要目标任务。地方规划要做好发展战略、主要目标、重点任务、重大工程项目与国家规划的衔接，切实贯彻落实国家规划的统一部署。加快出台发展规划法。

2. 完善规划实施机制

各地区、各部门要加强对"十三五"规划纲要实施的组织、协调和督导。开展规划实施情况动态监测和评估工作，把监测评估结果作为改进政府工作和绩效考核的重要依据，并依法向全国人民代表大会常务委员会报告规划实施情况，自觉接受人大监督。"十三五"规划纲要确定的约束性指标以及重大工程、重大项目、重大政策和重要改革任务，要明确责任主体、实施进度要求，确保如期完成。对纳入"十三五"规划纲要的重大工程项目，要简化审批核准程序，优先保障规划选址、土地供应和融资安排。发挥审计机关对推进规划实施的审计监督作用。密切关注形势变化和风险演化，坚持守住底线，做好应对困难复杂局面准备。需要对"十三五"规划纲要进行调整时，由国务院提出调整方案，报全国人民代表大会常务委员会批准。

3. 强化财力保障

加强财政预算与规划实施的衔接协调，在明晰各级政府支出责任的基础上，强化各级财政对规划实施的保障作用。中期财政规划和年度预算要结合"十三五"规划纲要提出的目标任务和财力可能，合理安排支出规模和结构。加快政府投资立法。

4. 充分调动全社会积极性

"十三五"规划纲要提出的预期性指标和产业发展、结构调整等任务，主要依靠市场主体的自主行为实现。要激发全国各族人民参与规划实施、建设祖国的主人翁意识，充分发挥各级政府、社会各界的积极性、主动性和创造性，尊重基层首创精神，汇聚人民群众的力量和智慧，形成全体人民群策群力、共建共享的生动局面。

实现"十三五"时期的发展目标，虽前景光明，却任务繁重。全党全国各族人民要更加紧密地团结在以习近平同志为总书记的党中央周围，高举中国特色社会主义伟大旗帜，坚定不移地走中国特色社会主义道路，解放思想、实事求是，与时俱进、改革创新，万众一心、艰苦奋斗，共同夺取全面建成小康社会决胜阶段的伟大胜利!

思考题

1. 简述"十三五"规划纲要的指导思想及主要目标。
2. 如何理解"十三五"规划纲要的发展理念和发展任务？
3. "十三五"规划纲要有哪些战略部署？
4. 阐述"十三五"规划纲要中一个自己关心的战略部署。
5. 如何保证"十三五"规划纲要落到实处？

第二讲　2016 年政府工作报告：
积极推动"十三五"规划良好开局

2016 年 3 月 5 日，第十二届全国人民代表大会第四次会议开幕，李克强总理代表国务院作政府工作报告(以下简称《报告》)。这份报告是"十三五"规划开局之年的第一份报告，也是对最大一轮改革大潮全面落地的一次集结部署。《报告》对 2015 年的工作进行了回顾，总结了"十二五"时期的辉煌成就，提出了"十三五"时期我国主要的目标任务和重大举措，并对 2016 年重点工作做出部署。2016 年是中国全面建成小康社会决胜阶段的开局之年，也是推进结构性改革的攻坚之年，这一年中国将面临巨大的考验。今年的政府工作报告，既有新特点，也有传承。变化与传承，折射着政府工作的新理念。

一、2016 年政府工作报告的主要内容

《报告》共分为四个部分。第一部分是 2015 年工作回顾；第二部分是"十三五"时期我国主要目标任务和重大举措；第三部分是 2016 年重点工作部署；第四部分是 2015 年的其他工作情况和 2016 年总体思路。

1.2015 年工作回顾

这一部分全面总结了过去一年在以习近平同志为总书记的党中央领导下，全国各族人民以坚定的信心和非凡的勇气，攻坚克难、开拓进取所取得的新的重大成就；深刻分析了 2015 年我国经济社会发展面临的复杂严峻的国际国内形势；着力回顾了2015 年经济社会、内政外交所做的重点工作。

2015 年，我国完成了主要的目标任务：一是经济运行保持在合理区间；二是结构调整取得积极进展；三是加快新动能的成长；四是人民生活进一步改善；五是科技领域一批创新成果达到国际先进水平。回顾过去一年，成绩来之不易。这些成绩，是在极为复杂严峻的国际环境中取得的，是在国内深层次矛盾凸显、经济下行压力加大的情况下取得的，是在我国经济总量超过 60 万亿元的高基数上取得的。党中央国务院统揽全局、审时度势，从稳增长、调结构、防风险，创新宏观调控方式，激发市场活力、加大改革开放力度，提质增效、推动产业创新升级，开拓发展空间、促进区域协调发展和新型城镇化，增进民生福祉、推动社会事业改革发展，促进社会和谐稳

定、推动依法行政和治理方式创新等几个方面开展重点工作，不但针对我国经济社会发展中出现的各种矛盾和问题开出了"药方"，而且取得了丰硕的工作成果。

2. "十三五"时期主要目标任务和重大举措

2016 年是我国"十三五"开局之年，描绘好"十三五"蓝图，是我国健康发展、阔步迈向世界强国的重要一步。今年《报告》与前几年《报告》的不同之处就是描绘了我国"十三五"发展的前景。这一部分在充分肯定"十二五"规划确定的主要目标任务全面完成的基础之上，重点阐述了"十三五"规划的主要目标任务和重大举措，并阐明了要做好"十三五"时期经济社会发展工作、实现全面建成小康社会的奋斗目标必须着力把握好的几点要求。

过去五年，我国发展成就举世瞩目，"十二五"规划确定的主要目标任务全面完成：一是经济持续较快发展；二是结构调整取得标志性进展；三是基础设施水平全面跃升；四是科技创新实现重大突破；五是人民生活水平显著提高；六是社会发展成就斐然。今年国务院编制的《纲要草案》紧紧围绕全面建成小康社会的奋斗目标，针对发展不平衡、不协调、不可持续三个突出问题，强调要牢固树立和贯彻落实创新、协调、绿色、开放、共享五大发展理念，明确了今后五年经济社会发展的主要目标任务，提出了一系列支撑发展的重大举措。其中，突出强调了保持经济中高速增长，推动产业迈向中高端水平；强化创新引领作用，为发展注入强大动力；推进新型城镇化和农业现代化，促进城乡区域协调发展；推动形成绿色生产生活方式，加快改善生态环境；深化改革开放，构建发展新体制；持续增进民生福祉，使全体人民共享发展成果等六个方面的内容。要做好"十三五"时期经济社会发展工作，实现全面建成小康社会目标，必须着力把握好三点要求：一是牢牢抓住发展第一要务不放松；二是大力推进结构性改革；三是加快新旧发展动能接续转换。实现"十三五"时期工作目标任务的根本是人民群众，这是发展最大的资源和优势，实现新旧动能转换，既是一个伴随阵痛的调整过程，也是一个充满希望的升级过程。只要闯过这个关口，中国经济就一定能够浴火重生、再创辉煌，《报告》点明了完成"十三五"时期工作目标任务的必胜信心、决心和光明前景。

3. 2016 年工作的重点

第三部分阐述了 2016 年政府工作的主要思路和任务，阐明了 2016 年政府工作的主要预期目标，部署了要着力做好的八个方面的重点工作。

今年是全面建成小康社会决胜阶段的开局之年，也是推进结构性改革的攻坚之年。做好政府工作，必须高举中国特色社会主义伟大旗帜，全面贯彻党的十八大和十八届三中、四中、五中全会精神，以邓小平理论、"三个代表"重要思想、科学发展观为指导。深入贯彻习近平总书记系列重要讲话精神，按照"五位一体"总体布局和"四个全面"战略布局，坚持改革开放，坚持以新发展理念引领发展，坚持稳中求进工作总基调，适应经济发展新常态，实行宏观政策要稳、产业政策要准、微观政策要活、改革政策要实、社会政策要托底的总体思路，把握好稳增长与调结构的平衡，保持经济运行在合理区间。着力加强供给侧结构性改革，加快培育新的发展动能，改造提升传统比较优势，抓好去产能、去库存、去杠杆、降成本、补短板，加强民生保障，切实防控风险，努力实现"十三五"时期经济社会发展的良好开局。

《报告》提出了今年发展的主要预期目标是：国内生产总值增长 6.5%～7%，居民消费价格涨幅 3%左右，城镇新增就业 1000 万人以上，城镇登记失业率 4.5%以内，进出口回稳向好，国际收支基本平衡，居民收入增长和经济增长基本同步。单位国内生产总值能耗下降 3.4%以上，主要污染物排放继续减少。

《报告》阐述了 2016 年应着力做好的八个方面重点工作：一是稳定和完善宏观经济政策，保持经济运行在合理区间；二是加强供给侧结构性改革，增强持续增长动力；三是深挖国内需求潜力，开拓发展更大空间；四是加快发展现代农业，促进农民持续增收；五是推进新一轮高水平对外开放，着力实现合作共赢；六是加大环境治理力度，推动绿色发展取得新突破；七是切实保障改善民生，加强社会建设；八是加强政府自身建设，提高施政能力和服务水平。

4. 2016 年其他工作的举措

这一部分主要从民族宗教、国防和军队建设、港澳台、外交工作四个方面阐述了 2015 年的工作情况和 2016 年的总体思路。

民族宗教方面，简明论述了民族工作的重要性及 2016 年工作的总体思路。指出了解决民族问题的正确道路，坚持和完善民族区域自治制度，特别强调通过政策扶持和富民举措，让全国各族人民共同迈向全面小康社会；强调继续全面贯彻党的宗教工作基本方针，坚持依法管理宗教事务，促进宗教关系和谐，发挥宗教界人士和信教群众在促进经济社会发展中的积极作用。

国防和军队建设方面，指出 2015 年成效显著，提出党在新形势下的强军目标，坚持党对军队绝对领导的根本原则和制度，统筹推进各方面各领域军事斗争准备，加强后勤保障和装备发展，稳步推进领导指挥体制改革，建设现代化的武装警察部队，推动重要领域军民融合深度发展，加强国防动员建设，发展国防科技工业，强调各级政府要大力支持国防和军队建设，走出一条新时期鱼水情深的军政军民团结之路。

港澳台工作方面，指出要全面准确贯彻"一国两制"、"港人治港"、"澳人治澳"、高度自治的方针，促进港澳提升自身竞争力；继续坚持对台工作大政方针，携手构建两岸命运共同体。强调认真落实侨务政策，依法维护海外侨胞和归侨侨眷的合法权益，充分发挥他们的独特优势和重要作用，不断增强海内外中华儿女的向心力。

外交工作方面，指出 2015 年全方位外交成果丰硕，经济外交、人文交流卓有成效。提出 2016 年继续高举和平、发展、合作、共赢的旗帜，践行中国特色大国外交理念，推动我国外交工作全面发展。办好在我国举行的二十国集团领导人峰会，推动世界经济创新增长，完善全球经济金融治理。加强与各主要大国协调合作，建设良性互动、合作共赢的大国关系。秉持亲诚惠容的周边外交理念，与地区国家持久和平相处、联动融合发展。深化南南合作、促进共同发展，维护发展中国家正当合法权益。建设性参与解决全球性和热点问题。加快海外利益保护能力建设，切实保护我国公民和法人安全。强调中国愿与国际社会一道，为人类和平与发展事业付出不懈努力！

二、2016 年政府工作报告的主要特征

今年的政府工作报告，内容丰富、论述深刻、全面系统。既总结成绩、回顾工作，又分析困难、不回避矛盾；既阐述工作思路、论述任务举措，又弘扬必胜的信心信念、阐明力量的核心源泉。充分贯彻了党的十八大和十八届三中、四中、五中全会和习近平总书记系列重要讲话精神，具有很强的理论性、实践性、针对性。对适应经济发展新常态，攻坚克难，开拓进取，做好 2016 年政府工作，努力实现"十三五"时期经济社会发展良好开局，顺利完成"十三五"时期目标任务，如期达到全面建成小康社会等目标均具有重要的指导意义。

1. 集中民智，反映民意，凝聚民心

每年的政府工作报告都要经过反复修改和完善而成，今年的政府工作报告更是如此。报告起草小组认真学习中央精神、国务院有关会议精神和重要文件以及中央领导同志有关重要指示，利用不同方式进行调研，尽可能多地听取各方意见，反映各方诉求，最后形成初稿。实际上，政府工作报告从起草，到提交人大会议审议，就是一个发扬民主、集中民智、反映民意、凝聚民心的过程。

民之所望，本就是施政所向。今年政府工作报告，无论是要求各级政府坚持过紧日子，"把每一笔钱都花在明处、用在实处"，还是强调"多谋民生之利，多解民生之忧，财政收入增长虽放缓，但该给群众办的实事一件也不能少"；无论是"加大环境治理力度，重拳治理大气雾霾和水污染"，还是"协调推进医疗、医保、医药联动改革，织密织牢社会保障安全网"，贯穿这份报告的，始终是沉甸甸的民心民意。

2. 创新无处不在，贯彻始终

今年的政府工作报告充分体现了创新精神，有许多新理念、新举措，出现了许多新词汇。

1) 五大发展新理念

《报告》中，五大发展新理念贯穿其中，成为一条主线，体现在报告提出的主要目标任务上，体现在一系列支撑发展的重大举措中。创新无处不在，协调十分给力，绿色贯彻始终，开放力度加大，共享成为发展目的。

党的十八届五中全会确立的创新、协调、绿色、开放、共享五大发展理念，是在深刻总结国内外发展经验教训和分析国内外发展趋势的基础上形成的，是针对我国发

展中的突出矛盾和问题提出来的，是我国发展思路、发展方向、发展着力点的集中体现，是关系我国发展全局的一场深刻变革。

创新是引领发展的第一动力，必须摆在国家发展全局的核心位置。《报告》中提出 2016 年重点工作之一："着力实施创新驱动发展战略，促进科技与经济深度融合，提高实体经济的整体素质和竞争力。"并从强化企业创新主体地位，发挥大众创业、万众创新和"互联网+"集众智汇众力的乘数效应、深化科技管理体制改革三个方面提出具体措施。

协调是持续发展的内在要求。应牢牢把握中国特色社会主义事业总体布局，正确处理发展中的重大关系，不断增强发展的整体性。《报告》中提出：深入推进新型城镇化，促进城乡区域协调发展，优化区域发展格局。

绿色是永续发展的必要条件，是人民对美好生活追求的重要体现。《报告》提出要推动形成绿色生产生活方式，加快改善生态环境。坚持在发展中保护、在保护中发展，持续推进生态文明建设。深入实施大气、水、土壤污染防治行动计划，加强生态保护和修复。今后五年，单位国内生产总值用水量、能耗、二氧化碳排放量分别下降 23%、15%、18%，森林覆盖率达到 23.04%，能源资源开发利用效率大幅提高，生态环境质量总体改善。特别是治理大气雾霾取得明显进展，地级及以上城市空气质量优良天数比率超过 80%。我们要持之以恒，建设天蓝、地绿、水清的美丽中国。

开放是国家繁荣发展的必由之路，坚持以开放促改革、促发展。面对国际经济合作和竞争格局的深刻变化，顺应国内经济提质增效升级的迫切需要，要坚定不移扩大对外开放，在开放中增强发展新动能、增添改革新动力、增创竞争新优势。《报告》中指出，今年要"推进新一轮高水平对外开放，着力实现合作共赢。"并提出了一系列相关举措。

共享是中国特色社会主义的本质要求。要坚持以人民为中心的发展思想，努力补齐基本民生保障的短板，朝着共同富裕方向稳步前进。《报告》中提到，2016 年要重点实施脱贫攻坚工程。《报告》中还提到，2016 年要"切实保障改善民生，加强社会建设"，并扩大就业创业，发展更高质量更加公平的教育，推进医疗、医保、医药联动改革，织密织牢社会保障安全网，推进文化改革发展，加强和创新社会治理，加强安全基础设施和防灾减灾能力建设。

2）新举措

今年政府工作报告提出了许多新举措，重点强调了"互联网+"创业创新、"互联网+"普惠金融、"互联网+"协同制造、"互联网+"益民服务、"互联网+"高效物流、"互联网+"现代农业、"互联网+"电子商务、"互联网+"绿色生态等八大行动方向。"四众"平台、"分享经济"、"工匠精神"、"光网城市"、"大众旅游时代"、"人地钱"挂钩政策、"海外仓"等新词汇频频出现。这些新举措，既涵盖经济领域，也指向政府服务，既对传统的中国制造业提出要求，也号召各行各业的从业者要具有精益求精的工匠精神，是新要求，更是新导向，必将引领中国经济社会实现新的腾飞。

3. 保持定力，稳中求进，转型升级

《报告》坚持稳中求进的工作总基调。稳中求进，是近年来党中央确定的工作总基调。2015 年中央经济工作会议提出，要主动适应经济发展新常态，坚持稳中求进的总基调，坚持以经济增长的积累和效益为核心，保持经济运行在合理区间，把转方式调结构放在更加重要位置。坚持稳中求进，坚持科学发展，实现更长时期、更高水平、更好质量的发展。

过去三十多年里，正是靠稳扎稳打，不断推动社会主义现代化事业前进，才取得了举世瞩目的辉煌成就。当前我国经济总量已位居世界第二，处于中低收入向中高收入迈进的发展阶段，经济发展面临许多新情况。这要求我们必须稳步前进，既不能冒进，也不能停滞。坚持稳中求进，把改革的要求与科学发展、政治稳定、社会和谐的要求统一起来，把改革的顶层设计、理论论证与尊重人民群众在改革中的首创精神统一起来，尽量减少或避免引发新的社会矛盾，始终做到稳定、改革、发展三者相协调、相统一。

稳中求进，稳字当头。《报告》提出的今年着力做好的八个方面重点工作之一就明确表示"稳定和完善宏观经济政策，保持经济运行在合理区间。""稳"的重点是稳住经济运行。经济增速稳定，才能稳定市场预期，提振发展信心，为新常态下的改革开放和结构调整赢得空间。

稳中求进，贵在有进。"进"的重点是深化改革开放和调整结构。就是从供给、生产端入手，通过解放生产力，推动产业转型升级，提升竞争力促进经济发展。具体而言，就是要求淘汰落后产能，将发展方向锁定新兴领域、创新领域，创造新的经济增长点。

稳和进有机统一，相互促进。一方面，经济社会平稳才能为深化改革开放和经济结构调整创造稳定的宏观环境；另一方面，要继续推进改革开放，为经济社会发展创造良好预期和新的动力。

4. 问题导向，政策取向，革除沉疴

奔着问题去，奔着群众最关心、最棘手、最关键、最复杂的问题去。不只盯着显性的症状，而是找到病根，切除"病灶"，选择牵一发而动全身的关键问题作为突破口，谋划发展路径，倒逼改革进程。

今年的政府工作报告对我国当前所面临的问题阐述得非常充分。在总结 2015 年工作时，《报告》大篇幅谈到了我们所面临的困难和问题，尤其毫不避讳的谈到了去年我国进出口预期增长目标未能实现。还用了较大篇幅来谈安全生产问题，特别提到东方之星号客轮翻沉事件和天津港特别重大火灾爆炸等事故，用大篇幅谈安全问题，

在过去的报告中，是从来没有过的。部署今年工作时也提出了一些突出问题，包括产能过剩严重，企业生产经营的困难，地区和行业走势的分化，财政收支矛盾突出，金融等领域出现的风险隐患等等。《报告》还谈到政府工作存在不足，有一些改革和政策落实不到位，少数干部不作为，不会为，乱作为，一些领域不正之风和腐败问题不容忽视。用的词和话分量都是很重的，充分表现了对人大代表和对全国人民负责的坦诚态度。

奔着问题去，处理问题，关键是用好辩证法。中国今天所面对的，许多是两难问题甚至多难问题：我们刚刚迈入中等收入国家的行列，发展的任务依然繁重，又要面临"中等收入陷阱"的挑战；我们为"中国制造"的一连串世界第一而高兴，又为处于价值链低端而尴尬；老百姓钱包更鼓了，对"分配不公"的抱怨却更多了。要稳增长也要调结构，要化解产能过剩也要稳定就业，要提高劳动报酬也要降低企业成本……这就要求我们辩证思考问题，处理好破与立、稳与进等一系列对立统一关系。遇到问题，多个角度想、一分为二看，避免"盲人摸象"；处理问题，不是眉毛胡子一把抓，先判断轻重、摸清规律，牵住"牛鼻子"、找准突破口。

《报告》中有关 2016 年重点工作部分强调，要实行"宏观政策要稳、产业政策要准、微观政策要活、改革政策要实、社会政策要托底"的五大政策取向，努力实现经济社会良好发展。

首先，宏观政策要稳。为经济社会发展营造稳定的宏观经济政策。既要保持积极财政政策，同时要保持稳健的货币政策。《报告》提出，今年继续实施积极的财政政策和稳健的货币政策，统筹运用政策工具，为经济发展营造良好环境。

其次，产业政策要准。就是要准确定位结构性改革方向。产业政策要准首要一点要明确控什么、扶什么，坚持进退并举。进，要更加积极有为，坚持创新驱动，着力补齐短板，加快绿色发展，发展实体经济。具体到产业上，要加快推动服务业优质高效发展，推动生产性服务业向专业化和价值链高端延伸、生活性服务业向精细化和高品质转变；推动制造业高端化、智能化、绿色化、服务化，支持企业技术改造和设备更新。退，要更加主动有序，坚持通过市场竞争实现优胜劣汰，采取兼并重组、债务重组或破产清算等措施，积极稳妥处置"僵尸企业"。产业政策要准，还要切实提高投资的有效性和精准性。《报告》中提出，发挥好有效投资对稳增长调结构的关键作用。应扩大有效投资，设立专项基金，加强水利、城镇棚户区和农村危房改造，以及中西部铁路和公路等薄弱环节建设。

第三，微观政策要活。最根本的是向市场放权，创造好的发展环境。稳增长、调结构、防风险、促改革，离不开千千万万个微观主体，只有搞活微观，才能全盘皆活。一方面，必须进一步转变政府职能，简政放权，为市场主体松绑，发挥市场配置资源的决定性作用；另一方面，还必须放管结合，加大政策扶持力度，创造一切有力条件，努力增强微观主体的积极性和创造性。

第四，改革政策要实。就是要加大力度推动重点领域改革落地，加快推进对经济增长有重大牵引作用的国有企业、财税体制、金融体制等改革。《报告》中提出要大力推进国有企业改革，并从产业结构和产权体制两端发力提出了一系列相关改革措施。《报告》中也提出了深入推进财税金融体制改革的具体措施。加快财税体制改革。合理确定增值税中央和地方分享比例，在税政管理权限方面给地方适当放权。进一步压缩中央专项转移支付规模，今年一般性转移支付规模增长 12.2%。全面推开资源税从价计征改革，依法实施税收征管，建立规范的地方政府举债融资机制。深化金融体制改革，深化利率市场化改革，深化国有商业银行和开发性、政策性金融机构改革。推进股票、债券市场改革和法治化建设。

第五，社会政策要托底。《报告》中提到，"为政之道，民生为本。"民生决定着民心，民生问题的解决，直接关系到社会的稳定、公正与和谐，深刻影响社会发展的活力和动力。以解决和改善民生为重点的社会政策，涵盖社会保障、社会救助、社会管理等多个方面。《报告》中提出了一系列相应政策措施，进一步完善社会保障体系和社会救助体系，织好一张覆盖全民的基本民生安全保障网，使人人享有义务教育、基本医疗、基本养老、基本住房，使生活困难群众病有所医、老有所养、住有所居、学有所教，享有基本生活保障，从而实现社会的稳定。

5. 直面困难，攻坚克难，提振信心

把问题讲透，同时要把我们的条件讲充分，既看到一些严重困难，又坚定发展信心。必胜的信心是事业成功的重要保证。在越来越多的困难险阻面前，必胜的信心是顺利完成 2016 年工作部署和"十三五"规划不可或缺的要素。

尽管我国经济社会发展面临复杂严峻的国际形势和困难重重的国内局面，但2016 年政府工作报告通篇贯穿着乐观主义的必胜精神，这是一个直面困难、提振信心的报告。《报告》开篇就讲，过去一年，我国发展面临多重困难和严峻挑战，同时也铿锵有力地指出，在党中央坚强领导下，全国各族人民以坚定的信心和非凡的勇气，攻坚克难，开拓进取，经济社会发展稳中有进、稳中有好，完成了全年主要目标任务，是改革开放和社会主义现代化建设取得的新的重大成就。

谈到我国当前面临的经济形势，报告指出：今年我国发展面临的困难更多更大，挑战更为严峻，我们要做好打硬仗的充分准备。同时也强调：只要我们万众一心、共克时艰就一定能够全面实现经济社会发展的预期目标。

在分析 2016 年重点工作时，《报告》强调：综合分析各方面情况，今年我国发展面临的困难更多更大、挑战更为严峻，我们要做好打硬仗的充分准备；困难和挑战并不可怕，中国的发展从来都是在应对挑战中前进的，没有过不去的坎；只要我们万众一心，共克时艰，就一定能够实现全年经济社会发展目标。当然，我国发展的必胜信心绝不是空穴来风、无缘之木、盲目乐观的。《报告》阐明，我国当前经济韧性强、潜力足、回旋余地大，改革开放不断注入新动力，创新宏观调控积累了丰富经

验、特别是中国共产党的坚强领导和中国特色社会主义制度，中国人民勤劳智慧等等，充分证明，任何艰难险阻都挡不住中国发展前行的步伐！

三、重点内容解读

2016 年政府工作报告内容丰富实在，我们仅对《报告》中提出的 2016 年八大重点工作进行分析解读。

1. 稳定和完善宏观经济政策，保持经济运行在合理区间

报告中指出："我们宏观调控还有创新手段和政策储备，既要立足当前、有针对性地出招，顶住经济下行压力，又要着眼长远、留有后手、谋势蓄势。"科学有效的宏观调控是社会主义市场经济体制的重要组成部分。创新和完善宏观调控方式，加快构建科学规范、运转高效、实施有力的宏观调控体系，是适应、把握和引领经济发展新常态的根本要求，是促进我国经济社会平稳健康发展的强有力保障。

今年我国发展面临的困难更多更大、挑战更为严峻。从国际看，世界经济深度调整、复苏乏力，国际贸易增长低迷，金融和大宗商品市场波动不定；从国内看，长期积累的矛盾和风险进一步显现，经济增速换挡、结构调整阵痛、新旧动能转换相互交织。各种不确定性加大的背景下，政府尤其需要注重加强预期引导，对政府宏观调控水平也提出了更高的要求。报告中提出："创新宏观调控方式，加强区间调控、定向调控、相机调控"。区间调控、定向调控与相机调控组合而成的"巧调控"是本届政府在经济转型升级期的常态化使用的宏观管理创新方式，有别于传统宏观调控思路，成为今年报告中的一大亮点。

1) "巧调控"宏观调控方式

《报告》中指出，今年中国经济运行保持在"合理区间"，将国内生产总值 GDP 增速目标设在 6.5%～7% 的区间，这是自 1995 年来首次设置区间目标。《报告》中还提到在强调区间调控的同时强调定向调控与相机调控，体现了本届政府在经济下行的压力面前，保持定力、有所作为、统筹施策、精准发力，正试图找到一条"稳增长与调结构"的双赢之路。

2013 年，中央提出"区间调控"的概念，要求把握好宏观调控的方向、力度、节奏，使经济运行处于合理区间，守住稳增长、保就业的"下限"，把握好防通胀的"上限"。在这样一个合理区间内，着力调结构、促改革，推动经济转型升级，形成了区间调控的思路和方法。

2014 年，在区间调控基础上创新实施定向调控，也就是在调控上不搞"大水漫灌"，不采取短期强刺激措施，而是抓住重点领域和关键环节，匹配不同的对策措施，精准发力、定向施策，更多依靠改革的办法，更多运用市场的力量，有针对性地

实施"喷灌""滴灌"。基本思路是激活力、补短板、强实体,在精准、及时、适度上下功夫,预调微调、远近结合、防范风险。

2015 年,中央提出要灵活施策,针对形势变化精准发力,在区间调控基础上将"相机调控"与"定向调控"并列,进一步创新宏观调控方式,丰富了中国"巧调控"体系内容。"相机调控"今年首次出现在《政府工作报告》中,它是对"定向调控"实施中的一种平衡。"相机调控"的核心是"适时适度预调微调",从而实现"控风险"。相机调控的特点是灵活高效、果断及时。相机调控不受任何固定程序或原则的约束,而是依据现实情况灵活取舍,最优地制定与经济运行态势相适应的调控政策与措施,并加以实施。例如,今年政府就房地产市场出现的分化现象,根据一二三四线城市房地产市场的不同特点,提出了"因城施策"、"一城一策"。

从"区间调控"到"定向调控"再到"相机调控",各种调控方式有机结合、灵活运用,体现了中央创新和完善宏观调控方式的新探索新实践,促进了经济持续健康发展,避免了大起大落,为"十三五"时期进一步提高宏观调控水平、促进经济行稳致远奠定了坚实的基础。

2) 宏观调控的基本原则

针对创新和完善宏观调控方式需重点把握好以下四个方面基本原则:

一是坚持总量调节和定向施策并举。实施宏观调控要把握好稳增长和调结构的平衡点,既防止经济增速大幅波动,确保经济运行在合理区间,又抓住时机加快转方式调结构。一方面,保持经济总量基本平衡,把握好总供求关系的新变化,明确经济增长合理区间的上下限,加强区间调控、相机调控,加强政策预研储备,备好用好政策工具箱。当经济面临滑出合理区间的风险时,采取更大力度的稳增长措施,以有效缓解经济下行压力。另一方面,坚持在区间调控的基础上,注重实施定向调控、结构性调控,瞄准经济运行中的突出矛盾特别是不平衡、不协调、不可持续问题,统筹施策、精准发力,推动重大经济结构协调和生产力布局优化,努力提高经济发展的质量和效益。

二是坚持短期和中长期结合。宏观调控要立足当前、兼顾长远,既有利于解决当前面临的矛盾,也为长远发展打好基础。一方面,增强宏观调控的针对性、有效性,通过预调微调,搞好需求管理,促使总需求与总供给基本平衡,熨平短期经济波动,保持经济运行在合理区间,防范化解各种经济风险。另一方面,着眼于改善中长期供给能力,大力实施创新驱动发展战略,培育新的经济增长点、增长极、增长带,加快推动经济结构优化,不断提高要素产出效率,促进经济提质增效升级,提升经济潜在增长能力,为经济持续健康发展奠定坚实基础。

三是坚持国内和国际统筹。我国经济已经深度融入世界经济,国际投资贸易格局变化、世界资本流动、大宗商品价格波动、主要经济体经济政策调整都会不同程度传导,影响到国内经济运行。在这样的大背景下,宏观调控必须具备全球视野,统筹两个市场、两种资源，更多参与国际宏观经济政策协调，推动国际经济治理结构完善。要加快形成参与国际宏观经济政策协调的机制，主动加强与主要经济体的政策协调和沟通，更加积极地参与多双边国际经济合作，提升国际话语权，推动国际宏观经济治理结构改革，促进国际经济秩序更加公正合理。坚持共商、共建、共享，加强政策沟通、设施联通、贸易畅通、资金融通、民心相通，深入推进"一带一路"建设，推进国际产能和装备制造合作，拓展发展空间，为世界经济稳定复苏做出积极贡献。

四是坚持改革和发展协调。经济平稳发展是全面深化改革的前提和基础，全面深化改革又为经济持续发展提供不竭的动力和活力。要把创新和完善宏观调控方式与深化体制机制改革有机结合起来，努力实现多重目标、多项改革和多种政策联动协调平衡。一方面，坚持以经济建设为中心，坚持把发展作为党执政兴国的第一要务，主动调控、稳中有为，保持经济稳定健康发展，为全面深化改革创造良好环境。另一方面，坚持问题导向，针对发展中的深层次矛盾和问题，推动有利于经济平稳发展的改革措施及早出台、加快落地，使改革更加有力地服务于稳增长、调结构、惠民生、防风险。要通过改革创新引导宏观调控方式创新，以结构性改革破解结构性难题，着力实现经济中高速增长、产业迈向中高端水平。

3) 宏观调控的主要任务

一是依据国家中长期规划和年度计划实施宏观调控。国民经济和社会发展中长期规划体现了国家意志、人民愿望和对发展规律的把握，明确了国家发展战略目标和重点任务，是引导经济社会发展的重要纲领和制定宏观经济政策的主要依据。国民经济和社会发展年度计划是贯彻国家发展战略和规划的年度工作安排，明确了年度发展目标和相应的宏观政策取向。要强化国家中长期规划的引导和约束作用，发挥好年度计划在落实规划上的关键作用；加强对政府公共预算安排、金融资本运用、国土空间开发、资源合理配置等领域的引导和综合协调；稳定和引导社会预期，促进总量平衡和结构调整，有效防范风险。

二是创新调控思路和政策工具。要依据不同阶段、不同情况和不同特点，与时俱进、探索创新，及时调整完善调控思路和政策工具，增强政策的现实针对性。当前，要在保持政策基调总体稳定的前提下，在区间调控基础上加大定向调控力度，实行相机调控、精准调控。要坚持需求管理和供给管理并重，把产业政策和竞争政策有机结合起来，大胆探索创新政策工具，盘活存量、用好增量，有保有压、有扶有控，保持经济运行在合理区间，推动结构调整优化，提高经济质量效益。

三是协调运用各种政策工具。报告中指出，"继续实施积极的财政政策和稳健的货币政策，""统筹运用财政、货币政策和产业、投资、价格等政策工具，采取结构性改革尤其是供给侧结构性改革举措，为经济发展营造良好环境。"财政政策与货币政策是宏观调控的两大基本工具。一般说来，财政政策着重于结构优化，在促进经济增长、推动结构调整和调节收入分配方面具有重要作用；货币政策带有总量调节特征，在保持币值稳定和总量平衡方面作用显著。

积极的财政政策。适度扩大财政赤字。《报告》中提出，"今年拟安排财政赤字2.18万亿元，比去年增加5600亿元，赤字率提高到3%。其中，中央财政赤字1.4万亿元，地方财政赤字7800亿元。安排地方专项债券4000亿元，继续发行地方政府置换债券。""今年大幅增加财政赤字，正是积极财政政策加大力度的表现。"国际金融危机爆发8年来，我国经济增长面临较大挑战，经济下行压力很大。鉴于当前我国经济复苏态势仍不牢固，适度扩大赤字率，减税增支、有利于稳定经济增长激发经济内生动力。今年我国赤字率有所提高，就强度而言并不是一种强刺激。目前世界上欧盟很多国家以及美国赤字率都高于3%，日本现在还是7.1%，美国2014年、2015年在5%左右。再往前看国际金融危机发生的时候，美国财政赤字率最高达到12%，欧盟很多国家达到10%。"我国财政赤字率和政府负债率在世界主要经济体中相对较低，这样的安排是必要的、可行的，也是安全的。

积极财政政策加力增效，突出标志就是加大力度减税降费。根据政府工作报告，2016年5月1日起，将全面实施营改增，试点范围扩至建筑业、房地产业、金融业、生活服务业，并将所有企业新增不动产所含增值税纳入抵扣范围，确保所有行业税负只减不增。同时，将取消违规设立的政府性基金，停征和归并一批政府性基金，扩大水利建设基金等免征范围。将18项行政事业性收费的免征范围，从小微企业扩大到所有企业和个人。根据报告，一系列减税降费举措，今年将累计为企业和个人减少负担5000多亿元。在减税降费的同时，适当增加必要的财政支出和政府投资，加大对民生等薄弱环节的支持力度。如《报告》中提出，中央财政将安排1000亿元专项奖补资金支持钢铁、煤炭等困难行业去产能，重点用于职工分流安置；为补齐基础设施和民生领域诸多短板，2016年还将启动一批铁路、水电核电、城市轨道交通等"十三五"规划重大项目，为此中央预算内投资增加到5000亿元。

稳健货币政策。稳健货币政策要向宽松、向灵活方向进一步转变，为市场提供充足流动性，提供稳定的政策环境。《报告》提出：今年继续实施稳健的货币政策，同时更加灵活适度，为经济增长及结构调整提供一个良好的货币环境。广义货币M2预期增长13%左右，增长目标略高于去年，总体适度。社会融资规模余额增长13%左右，与M2增长目标一致。"《报告》中还提出："要统筹运用公开市场操作、利率、准备金率、再贷款等各类货币政策工具，保持流动性合理充裕，疏通传导机制，降低融资成本，加强对实体经济特别是小微企业、"三农"等的支持。"

四是建立风险识别和预警机制。《报告》中强调要"切实防控风险"，要加强经济领域重大风险防控，坚持全球视野，有效防范和化解突出风险隐患。一是坚持预防为主。以国际国内重点领域重大风险为重点，建立健全风险识别和监测预警体系，做到防控关口前移，防微杜渐，避免矛盾积累。二是坚持稳妥有序化解风险。以可控方式和节奏主动释放风险，既不可操之过急，也不能无所作为。三是坚持提升风险防控能力。要通过改革创新、结构升级，重点提高财政、金融、能源、矿产资源、水资源、粮食、生态环保、安全生产、网络安全等方面的风险防控能力，将发展成果更多转化为防范风险、保障安全的能力。四是坚持底线思维。从防范最困难、最危险的风险着眼，完善风险处置预案，加强政策储备和物资保障，坚决守住不发生系统性风险的底线。

2. 加强供给侧结构性改革，增强持续增长动力

推进供给侧结构性改革，是综合研判世界经济形势和我国经济发展新常态做出的重大创新，是对我国经济发展方式的优化调整，是解决我国经济发展面临突出问题的有力举措。今年政府工作报告中有关 2016 年重点工作部署部分提出："围绕解决重点领域的突出矛盾和问题，加快破除体制机制障碍，以供给侧结构性改革提高供给体系的质量和效率，进一步激发市场活力和社会创造力。"这是"供给侧结构性改革"首次在政府工作报告中出现，也成为今年政府工作的重要着力点。

在今年的政府工作报告中，"结构性改革"一词共出现了 10 次，成为报告中的高频词。对比前两年的政府工作报告，可以发现，"结构性改革"一词在 2015 年政府工作报告中首次出现，但仅提到 1 次，而 2014 年政府工作报告则没有提到，由此可见国家对推进结构性改革的重视程度。今年的报告中明确了结构性改革的主要方向：供给侧结构性改革。

供给侧结构性改革的意义：

(1) 适应供求关系变化的战略决策。过去我国宏观经济供求矛盾主要表现为供给短缺，需要扩大生产规模；随着发展水平提高，现在我国宏观经济供求矛盾主要表现为部分产能过剩和部分需求得不到有效满足并存，需要供给和需求更好匹配。推进供给侧结构性改革，旨在提高供给体系的质量和效率，使我国供给能力、供给质量和供给结构更好满足人民群众日益增长、不断升级和个性化的物质文化与生态环境需要。这是贯彻落实新的发展理念、适应和引领经济发展新常态的重大创新，也是对社会主义市场经济理论的新发展。

(2) 实现"双中高"的必然要求。供给侧结构性改革以问题为导向，具有很强的现实针对性和实践指导性，是保持"双中高"即经济中高速增长、推动产业迈向中高端水平的必然要求和行动指南是经济保持中高速增长的必由之路。改革开放以来，劳动力、资本、资源等要素活力的释放，使我国经济实现了持续快速发展。当前，我国经济发展的国内国际环境发生了深刻变化。从国内看，我国正处于"三期叠加"时期，面临产能过剩、供需错配等突出问题，加之投资回报率下降、资源环境约束加剧、人口老龄化加快等不利因素，经济下行压力持续加大。从国际看，全球外贸低迷造成出口下滑，我国制造业面临发达国家再工业化和发展中国家加速追赶的两面夹击，低成本优势减弱，制造业创新能力不强。在新形势下保持经济中高速增长，必须

通过推进供给侧结构性改革加快培育新的增长动力，实现新旧动能接续转换。产业迈向中高端水平的主动选择。我国虽然已成为世界第二大经济体，制造业、国际贸易、国际投资的规模都在国际上名列前茅，但大而不强的特征仍十分明显：我国产业长期处于全球价值链中低端，国际竞争力和话语权有待提升，核心竞争力还不强。在经济发展新常态下，我国产业要迈向中高端，迫切需要以新的发展理念为指导，通过供给侧结构性改革"三去一降一补"，消除过剩产能以促进生产要素流动，实现传统动能更新和经济转型升级。同时，通过供给侧结构性改革消除发展新行业、新业态和新商业模式的体制机制障碍，发展新经济，培育新动能。

(3) 解决突出问题的关键环节。目前我国经济下行压力持续加大。除了经济增速下降外，工业品价格下降、实体企业盈利困难、金融风险抬头等成为经济运行中的突出问题。这些问题是表面"病征"，背后既有周期性因素，也有结构性问题，但"病根"是后者。我国经济面临的主要问题是供给与需求不匹配、不协调、不平衡，供给和需求两侧都有问题，但矛盾的主要方面在供给侧。我国不是需求不足或没有需求，而是需求变了，供给的产品没有跟上，有效供给能力不足带来大量需求外溢，消费能力严重外流。近些年，我国居民境外消费或国内"海淘"形式的跨境购买金额迅猛增长。海外购买力旺盛，说明国内需求空间巨大。要拉回海外消费，需要国内产品来一场"品质革命"，打造中国制造"金字品牌"，跟上消费升级步伐。供给侧结构性改革就是从生产端入手，破除体制障碍，降低企业成本，推动适应新需求的新技术、新产业、新业态、新模式蓬勃发展重塑经济发展动力，为经济持续健康发展创造条件。

(4) 完善宏观调控的重要举措。供给管理和需求管理是调控宏观经济的两种基本手段，前者主要解决长期的结构性问题，后者侧重熨平短期的经济波动。宏观调控既需要需求管理，又需要供给管理；既需要总量调控，又需要结构调控；既需要短期调控，又需要中长期改革。如果市场充分有效，需求刺激也能推动结构优化。但市场并不总是有效的，需求政策的经济拉动作用有时并不明显，还可能加剧结构矛盾，而供给侧结构性改革则可以弥补这一缺陷。

实现供给侧结构性改革的途径。供给侧结构性改革既强调供给，又关注需求；既突出发展生产力，又注重完善生产关系；既发挥市场在资源配置中的决定性作用，又更好发挥政府作用。其核心要义是通过市场取向的综合创新，促使政府管理更科学、市场更有效、企业更有活力，从而减少无效和低端供给，扩大有效和中高端供给，促进行业出清和盈利状况改善，提高全要素生产率，提高社会生产力水平。

《报告》中提出了一系列加强供给侧结构性改革的重要举措：

(1) 从体制层面，推动简政放权、放管结合、优化服务改革向纵深发展，为市场主体创造平等竞争的环境。

首先，向市场放权，创造良好的经济发展环境。《报告》提出："继续大力削减行政审批事项，注重解决放权不同步、不协调、不到位问题，对下放的审批事项，要让地方能接得住、管得好。深化商事制度改革，开展证照分离试点。全面公布地方政府权力和责任清单，在部分地区试行市场准入负面清单制度。"

其次，在着力推进简政放权之余，放管结合、优化服务是供给侧结构性改革中"更好发挥政府作用"的题中之意。《报告》提出："创新事中事后监管方式，全面推行'双随机、一公开'式监管，随机抽取检查对象，随机选派执法检查人员，及时公布查处结果。推进综合行政执法改革，实施企业信用信息统一归集、依法公示、联合惩戒、社会监督。"其中的"双随机、一公开"是在 2015 年 7 月 22 日的国务院常务会议提出的，李克强总理在阐释建立"双随机"抽查机制的意义时指出："建立随机抽取被检查对象、随机选派检查人员的'双随机'抽查机制，意味着每个市场主体的头上都悬着一把'达摩克利斯之剑'，企业必须增强守法自觉性；同时也意味着执法人员只能阳光行政，不能再'看谁不顺眼'就去检查，即用制度限制监管部门的自由裁量权。"克服"任性"检查，实行"阳光"、文明执法。"双随机、一公开"的抽查监管方式对提高政府效率，减少寻租行为，营造公平市场环境，都十分有益。

再次，深化价格改革，加强价格监管。市场价格反映供求关系，价格信号引导要素流动和资源配置。随着社会主义市场经济体制不断完善，我国市场配置资源的功能逐步增强，但仍有一些价格信号不明确，甚至是紊乱的。推进供给侧结构性改革，要着力清除市场壁垒，完善主要由市场决定价格的机制，进一步提高资源配置效率和公平性。《报告》中提到，2015 年中央政府定价项目减少 80%，地方政府定价项目减少一半以上。同时提出 2016 年继续"深化价格改革，加强价格监管。"到 2017 年，竞争性领域和环节价格基本放开；到 2020 年，市场决定价格机制基本完善，科学、规范、透明的价格监管制度和反垄断执法体系基本成熟定型，价格调控机制基本健全。

最后，《报告》中提出："大力推行'互联网+政务服务'，实现部门间数据共享，让居民和企业少跑腿、好办事、不添堵。简除烦苛，禁察非法，使人民群众有更平等的机会和更大的创造空间。"在优化政府服务上，利用"互联网+"、大数据、云计算等新技术和新手段，推动信息共享和远程服务，促进公开透明，压缩权力寻租空间，既给市场松绑，也不断优化服务，从而让群众享受便捷公平可及的服务。

(2) 从产业层面看，既做减法，也做加法，加快新旧动能转换，培育促进新产业、新技术、新业态、新模式，加快新经济的发展。

首先，做好减法。着力化解过剩产能和降本增效，大力推进国有企业改革。着力化解过剩产能和降本增效。当前，供给过剩的领域主要是传统重化工业，生产要素流动难、"僵尸企业"多。《报告》中指出，重点抓好钢铁、煤炭等困难行业去产能，坚持市场倒逼、企业主体、地方组织、中央支持，运用经济、法律、技术、环保、质量、安全等手段，严格控制新增产能，坚决淘汰落后产能，有序退出过剩产能。采取兼并重组、债务重组或破产清算等措施，积极稳妥处置"僵尸企业"。大力推进国有企业改革。供给过剩在一些国有企业也比较突出。《报告》指出："今明两年，要以改革促发展，坚决打好国有企业提质增效攻坚战。国企改革从产业结构和产权体制两端发力。"产业结构方面，《报告》中提出："推动国有企业特别是中央企业结构调整，创新发展一批，重组整合一批，清理退出一批。"产权体制方面，《报告》中明确："推进股权多元化改革，开展落实企业董事会职权、市场化选聘经营者、职业经理人制度、混合所有制、员工持股等试点。深化企业用人制度改革，探索建立与市场化选任方式相适应的高层次人才和企业经营管理者薪酬制度。加快改组组建国有资本投资、运营公司。以管资本为主推进国有资产监管机构职能转变，防止国有资产流失，实现国有资产保值增值。赋予地方更多国有企业改革自主权。加快剥离国有企业办社会职能，解决历史遗留问题，让国有企业瘦身健体，增强核心竞争力。"

其次，做好加法。充分释放全社会创业创新潜能，努力改善产品和服务供给。当前，创新能力不强、体制机制僵化成为制约我国经济发展的要害问题。推进供给侧结构性改革，应深入实施创新驱动发展战略，深化科技体制改革，增强企业供给对需求变化的适应性和灵活性，将经济发展切换到依靠内生性技术进步、人力资本提升和有效需求驱动的轨道上来。针对中国制造长期以来存在的"大而不强"问题，《报告》不仅明确了政府在质量安全标准、惩罚性赔偿制度等监管方面不会缺位，而且也从科技体制改革、完善创新支撑体系、培育"工匠精神"等根本层面做出部署。

充分释放全社会创业创新潜能。创新是引领发展的第一动力，必须摆在国家发展全局的核心位置，深入实施创新驱动发展战略。《报告》中提出 2016 年的主要任务："着力实施创新驱动发展战略，促进科技与经济深度融合，提高实体经济的整体素质和竞争力。"具体提出三点措施：一是强化企业创新主体地位。落实企业研发费用加计扣除，完善高新技术企业、科技企业孵化器等税收优惠政策。支持行业领军企业建设高水平研发机构。加快将国家自主创新示范区试点政策推广到全国，再建设一批国家自主创新示范区、高新区，建设全面创新改革试验区。二是发挥大众创业、万众创新和"互联网+"集众智汇众力的乘数效应。打造众创、众包、众扶、众筹平台，构建大中小企业、高校、科研机构、创客多方协同的新型创业创新机制。建设一批"双创"示范基地，培育创业服务业，发展天使、创业、产业等投资。支持分享经济发展，提高资源利用效率，让更多人参与进来、富裕起来。实施更积极、更开放、更有效的人才引进政策。加强知识产权保护和运用，依法严厉打击侵犯知识产权和制假售假行为。三是深化科技管理体制改革。扩大高校和科研院所自主权，砍掉科研管理中的繁文缛节。实施支持科技成果转移转化的政策措施，完善股权期权税收优惠政策和分红奖励办法，鼓励科研人员创业创新。大力弘扬创新文化，厚植创新沃土，营造敢为人先、宽容失败的良好氛围，充分激发企业家精神，调动全社会创业创新积极性，汇聚成推动发展的磅礴力量。

改善产品和服务供给，要突出抓好三个方面。一是提升消费品品质。加快质量安全标准与国际标准接轨，建立商品质量惩罚性赔偿制度。鼓励企业开展个性化定制、柔性化生产，培育精益求精的工匠精神，增品种、提品质、创品牌。二是促进制造业升级。深入推进"中国制造+互联网"，建设若干国家级制造业创新平台，实施一批智能制造示范项目，启动工业强基、绿色制造、高端装备等重大工程。落实加速折旧政策，组织实施重大技术改造升级工程。三是加快现代服务业发展。启动新一轮国家服务业综合改革试点，实施高技术服务业创新工程，大力发展数字创意产业。放宽市场准入，提高生产性服务业专业化、生活性服务业精细化水平。大幅放宽电力、电信、交通、石油、天然气、市政公用等领域市场准入，引导社会资金进入公共服务领域，在打破垄断、破解民营经济"玻璃门""旋转门"的同时，增加更多高质量的公共服务供给。

3. 深挖国内需求潜力，开拓发展更大空间

供给与需求是经济运行的两翼，注重供给侧不意味着就不管需求侧了。当前经济下行压力依然很大，为防止经济快速下滑引发系统性风险，需要长短结合、两侧发力，以适度扩大总需求稳住经济运行，以加强供给侧结构性改革，促进要素流动和优化配置，实现更高水平的供需平衡。《报告》中提出"深挖国内需求潜力，开拓发展更大空间。适度扩大需求总量，积极调整改革需求结构，促进供给需求有效对接、投资消费有机结合、城乡区域协调发展，形成对经济发展稳定而持久的内需支撑。"

政府工作报告对今年要完成的目标和任务非常明确，尤其在扩大需求方面，投资实招很多。比如，"补短板"的基建投资，加上财政、金融政策配合，铁路、水利等基础设施以及棚改等多箭齐发，向中西部等地区倾斜，释放巨大内需的同时补短板、强实体，将为中长期可持续发展打下基础。

1) 增强消费拉动经济增长的基础作用

《报告》中提到，2016 年居民消费价格涨幅 3%左右，增强消费拉动经济增长的基础作用。"十二五"时期，中国居民消费价格总水平年平均上涨 2.8%，保持了基本稳定。2016 年我国将以加快完善主要由市场决定价格的机制为主线，继续保持价格总水平基本稳定。从消费来看，随着房地产市场恢复平稳增长、汽车市场的阶段性恢复，对消费的影响都会从负面转为正面，预计今年消费增速会在 10.5%左右。

《报告》提出，适应消费升级趋势，破除政策障碍，优化消费环境，维护消费者权益。支持发展养老、健康、家政、教育培训、文化体育等服务消费。壮大网络信息、智能家居、个性时尚等新兴消费。鼓励线上线下互动，推动实体商业创新转型。完善物流配送网络，促进快递业健康发展。活跃二手车市场，加快建设城市停车场和新能源汽车充电设施。在全国开展消费金融公司试点，鼓励金融机构创新消费信贷产品。降低部分消费品进口关税，增设免税店。落实带薪休假制度，加强旅游交通、景区景点、自驾车营地等设施建设，规范旅游市场秩序，迎接正在兴起的大众旅游时代

2) 发挥有效投资对稳增长调结构的关键作用

当前，在经济下行压力不减的情况下，"稳投资"对于"稳增长"的重要作用已被反复强调。《报告》中提出"我国基础设施和民生领域有许多短板，产业亟需改造升级，有效投资仍有很大空间。"今年在投资前面增加了"有效"二字，"有效投资"是不为增加投资总量而进行简单的投放，有效投资必须要和"三去一降一补"相匹配，与结构调整相匹配，与构建的增长新动力相匹配。同时今年《报告》中提到的投资领域也与往年有所不同。除了提到"完成铁路投资8000亿元以上、公路投资1.65万亿元，再开工20项重大水利工程"等方面投资以外，还提出了五类投资"新星"，即水电核电、特高压输电、智能电网、油气管网、城市轨道交通。

中央预算内投资增加到5000亿元。深化投融资体制改革，继续以市场化方式筹集专项建设基金，推动地方融资平台转型改制进行市场化融资，探索基础设施等资产证券化，扩大债券融资规模。完善政府和社会资本合作模式，用好1800亿元引导基金，依法严格履行合同，充分激发社会资本参与热情。

3) 深入推进新型城镇化

城镇化是现代化的必由之路，是我国最大的内需潜力和发展动能所在。促进城乡区域协调发展，缩小城乡区域差距，既是调整经济结构的重点，也是释放发展潜力的关键。今年的政府工作报告在扩大市场需求方面专门提到城镇化，并强调"十三五"期间要实现"三个1亿"，即1亿人口转变为城镇户籍、1亿人口解决棚户区和城中村改造、1亿人口在中西部要实现就地向城镇的转移。

报告中提出，今年重点抓好三项工作：第一，加快农业转移人口市民化。具体提出四点措施：深化户籍制度改革，放宽城镇落户条件，建立健全"人地钱"挂钩政策。中央提出走新型城镇化道路，要求到2020年把一亿农民工和其他常住人口变成市民，"人地钱"挂钩政策是走新型城镇化道路的具体政策体现，这一政策有利于引导地方政府更好地理解中央构建新型城镇化的战略意图和思想，加快实现户籍城镇化尤其是农民工和其他常住人口在城镇落户的进程，扩大劳动力供给和市场需求，稳定房地产市场，为扩大城市的基础设施建设创造先决条件；扩大新型城镇化综合试点范围；居住证具有很高的含金量，要加快覆盖未落户的城镇常住人口，使他们依法享有居住地义务教育、就业、医疗等基本公共服务；发展中西部地区中小城市和小城镇，容纳更多的农民工就近就业创业，让他们挣钱顾家两不误。

第二，推进城镇保障性安居工程建设和房地产市场平稳健康发展。今年棚户区住房改造600万套，提高棚改货币化安置比例。完善支持居民住房合理消费的税收、信贷政策，适应住房刚性需求和改善性需求，因城施策化解房地产库存。建立租购并举的住房制度，把符合条件的外来人口逐步纳入公租房供应范围。

第三，加强城市规划建设管理。加强城镇基础设施建设，开工建设城市地下综合管廊2000公里以上。积极推广绿色建筑和建材，大力发展钢结构和装配式建筑，提高建筑工程标准和质量。打造智慧城市，改善人居环境，使人民群众生活得更安心、更省心、更舒心。

4）优化区域发展格局

《报告》提出，深入推进"一带一路"建设，落实京津冀协同发展规划纲要，加快长江经济带发展。制定实施西部大开发"十三五"规划，实施新一轮东北地区等老工业基地振兴战略，出台促进中部地区崛起新十年规划，支持东部地区在体制创新、陆海统筹等方面率先突破。促进资源型地区经济转型升级。支持革命老区、民族地区、边疆地区、贫困地区发展。制定国家海洋战略，保护海洋生态环境，拓展蓝色经济空间，建设海洋强国。

4. 加快发展现代农业，促进农民持续增收

《报告》提出，今年继续毫不放松抓好"三农"工作，完善强农惠农富农政策，深化农村改革，拓展农民就业增收渠道，着力提高农业质量、效益和竞争力。

加快农业结构调整。粮食连续增产，为稳定物价、改善民生提供了有力保障，但也面临库存大幅增加、市场价格下跌等问题。要引导农民适应市场需求调整种养结构，适当调减玉米种植面积。按照"市场定价、价补分离"原则，积极稳妥推进玉米收储制度改革，保障农民合理收益。要多措并举消化粮食库存，大力支持农产品精深加工，延伸农业产业链条；制定新一轮退耕还林还草方案，今年退耕还林还草 1500 万亩，这件事一举多得，务必抓好。积极发展多种形式农业适度规模经营，完善对家庭农场、专业大户、农民合作社等新型经营主体的扶持政策，鼓励农户依法自愿有偿流转承包地，开展土地股份合作、联合或土地托管。深化农村集体产权、农垦、集体林权、国有林场、农田水利、供销社等改革。

强化农业基础支撑。全面完成永久基本农田划定并实行特殊保护，加强高标准农田建设，增加深松土地 1.5 亿亩，新增高效节水灌溉面积 2000 万亩。探索耕地轮作休耕制度试点。加强农业科技创新与推广，深入开展粮食绿色高产高效创建，实施化肥农药零增长行动。保障财政对农业投入，建立全国农业信贷担保体系，完善农业保险制度，引导带动更多资金投向现代农业建设。

改善农村公共服务。加大农村基础设施建设力度，新建改建农村公路 20 万公里，具备条件的乡镇和建制村要加快通硬化路、通客车。抓紧新一轮农村电网改造升级，两年内实现农村稳定可靠供电服务和平原地区机井通电全覆盖。实施饮水安全巩固提升工程。推动电子商务进农村。建设美丽宜居乡村。

5. 推进新一轮高水平对外开放，着力实现合作共赢

当前中国发展开放型经济的国内外环境发生了一系列变化，作为五大发展理念之一，开放在今年政府工作报告中占有重要地位。《报告》中指出，今年要"推进新一轮高水平对外开放，着力实现合作共赢。"并提出了一系列举措：

第一，扎实推进"一带一路"建设。过去一年"一带一路"建设成效显现，在此基础上 2016 年要继续扎实推进，统筹国内区域开发开放与国际经济合作，共同打造陆上经济走廊和海上合作支点，推动互联互通、经贸合作、人文交流。构建沿线大通关合作机制，建设国际物流大通道。推进边境经济合作区、跨境经济合作区、境外经贸合作区建设。坚持共商共建共享，使"一带一路"成为和平友谊纽带、共同繁荣之路。

第二，扩大国际产能合作。作为当今世界上的经济大国、贸易大国、投资大国，未来中国经济的发展不仅要用好用足现有的国际分工与国际市场机会，也需要为自身的发展拓展出更多国际空间。需要注意到，政府工作报告中提出要扩大产能合作，而这种产能合作不仅仅是如何利用机会的问题，更是创造机会的问题。从未来挑战国际经济发展空间角度来看，通过合作能够带来更多的共赢机会，而产能合作无疑能够使中国的国际空间更加有"宽度"。《报告》强调，今年加快国际产能合作步伐，坚持企业为主、政府推动、市场化运作，实施一批重大示范项目。落实和完善财税金融支持政策，设立人民币海外合作基金，用好双边产能合作基金。推动装备、技术、标准、服务走出去，打造中国制造金字品牌。

第三，促进外贸创新发展。面对外需持续低迷的严峻形势，要多措并举，遏制进出口下滑势头。一要加快落实和完善政策。优化出口退税率结构，确保及时足额退税，严厉打击骗取退税。增加短期出口信用保险规模，实现成套设备出口融资保险应保尽保。二要鼓励商业模式创新。扩大跨境电子商务试点，支持企业建设一批出口产品"海外仓"，促进外贸综合服务企业发展。三要优化贸易结构。开展服务贸易创新发展试点，增加服务外包示范城市，加快发展文化对外贸易。进一步整合优化海关特殊监管区域，促进加工贸易向中西部地区转移、向产业链中高端延伸。四要推进贸易便利化。全面推广国际贸易"单一窗口"。降低出口商品查验率。五要实施更加积极的进口政策。扩大先进技术设备、关键零部件及紧缺能源原材料进口。

第四，提高利用外资水平。去年"外商投资限制性条目减少一半，95%以上实行备案管理，实际使用外资 1263 亿美元，增长 5.6%。"在此基础上，今年继续放宽投资准入，扩大服务业和一般制造业开放，简化外商投资企业设立程序，加大招商引资力度。创新内陆和沿边开放模式，打造新的外向型产业集群，引导外资更多投向中西部地区。扩大自贸试验区试点。创新开发区体制机制。我们将营造更加公平、更为透明、更可预期的投资环境，中国要始终成为富有吸引力的外商投资热土。

第五，加快实施自由贸易区战略。积极商签区域全面经济伙伴关系协定，加快中日韩自贸区等谈判，推进中美、中欧投资协定谈判，加强亚太自贸区联合战略研究。我们愿与各方一道，推进贸易投资自由化，共同构建均衡、共赢、包容的国际经贸体系。

6. 加大环境治理力度，推动绿色发展取得新突破

良好生态环境，是提升人民生活质量的重要内容，也是全面建成小康社会的应有

之义。生态文明是人类社会与自然界和谐相处、良性互动、可持续发展的一种文明形态，其实质是建设以资源环境承载能力为基础、以自然规律为准则、以可持续发展为目标的资源节约型和环境友好型社会，形成人与自然和谐发展的现代化建设新格局。

在国家、地方和企业、公众等社会各方的共同推动下，近年来我国生态文明建设取得了一些重大进展，但仍存在许多问题急需解决。目前资源约束趋紧、环境污染严重、生态系统退化等一系列问题仍十分严峻，在环境问题上如何迎接挑战、实现突破、谋求发展是本届政府的工作重点。今年《报告》明确提出了环境质量改善的长短期目标任务和保障措施：要推动形成绿色生产生活方式，加快改善生态环境。坚持在发展中保护、在保护中发展，持续推进生态文明建设，建设天蓝、地绿、水清的美丽中国。

《报告》中强调，2016 年深入实施大气、水、土壤污染防治行动计划，加强生态保护和修复。并提出了的具体要求：

(1) 重拳治理大气雾霾和水污染。今年化学需氧量、氨氮排放量要分别下降 2%，二氧化硫、氮氧化物排放量分别下降 3%，重点地区细颗粒物(PM2.5)浓度继续下降。着力抓好减少燃煤排放和机动车排放。加强煤炭清洁高效利用，减少散煤使用，推进以电代煤、以气代煤。全面实施燃煤电厂超低排放和节能改造。加快淘汰不符合强制性标准的燃煤锅炉。增加天然气供应，完善风能、太阳能、生物质能等发展扶持政策，提高清洁能源比重。鼓励秸秆资源化利用，减少直接焚烧。全面推广车用燃油国五标准，淘汰黄标车和老旧车 380 万辆。在重点区域实行大气污染联防联控。全面推进城镇污水处理设施建设与改造，加强农业面源污染和流域水环境综合治理。加大工业污染源治理力度，对排污企业全面实行在线监测。强化环境保护督察。新修订的环境保护法必须严格执行，对超排偷排者必须严厉打击，对姑息纵容者必须严肃追究。

(2) 大力发展节能环保产业。扩大绿色环保标准覆盖面，支持推广节能环保先进技术装备，广泛开展合同能源管理和环境污染第三方治理。加大建筑节能改造力度，加快传统制造业绿色改造。开展全民节能、节水行动，推进垃圾分类处理，健全再生资源回收利用网络，把节能环保产业培育成我国发展的一大支柱产业。

(3) 加强生态安全屏障建设。健全生态保护补偿机制，停止天然林商业性采伐，实行新一轮草原生态保护补助奖励政策。推进地下水超采区综合治理试点，实施湿地保护与恢复工程，继续治理荒漠化、石漠化和水土流失。

(4) 保护生态环境就是保护生产力，改善生态环境就是发展生产力。建设美丽中国，要正确处理好经济发展同生态环境保护的关系，决不以牺牲环境为代价去换取时的经济增长。"十三五"时期是全面建成小康社会决胜阶段，"小康全面不全面，生态环境质量是关键"。发展不仅要讲速度讲效益，更需要在增长与保护、局部与整体、当前和长远之间，找到最佳平衡点。

保护生态环境，应对气候变化，维护能源资源安全，是全球面临的共同挑战。中国要承担应尽的国际义务，同世界各国深入开展生态文明领域的交流合作，推动成果分享，携手共建生态良好的地球美好家园；建设生态文明，是关系人民福祉、关乎民族未来的长远大计。

7. 切实保障改善民生，加强社会建设

《报告》提出："为政之道，民生为本。我们要念之再三、铭之肺腑，多谋民生之利，多解民生之忧。在财力紧张情况下，保障民生力度继续加大。"

(1) 就业、创业方面。高就业率，是一个国家稳定的重要保障。《报告》中提出，着力扩大就业创业。实施更加积极的就业政策，鼓励以创业带动就业。2016年高校毕业生将高达765万人，要落实好就业促进计划和创业引领计划，促进多渠道就业创业。用好失业保险基金结余，增加稳就业资金规模，做好企业下岗职工再就业工作，对城镇就业困难人员提供托底帮扶。完成2100万人次以上农民工职业技能提升培训任务。加强对灵活就业、新就业形态的扶持。切实做好退役军人安置和就业创业服务工作。

(2) 教育方面。《报告》指出，"教育承载着国家的未来、人民的期盼。"要"发展更高质量更加公平的教育"。并围绕以上总体目标从投入、改革、惠民、责任四个方面提出了当前教育工作应采取的具体措施。总体目标：一是提高教育质量。质量是教育永恒的主题。关于教育质量，在不同的历史时期有不同的内涵。党的十八大提出，"把立德、树人作为教育的根本任务，全面实施素质教育"，对新时期教育质量的内涵做出了解释。高质量的教育，不但体现在教育硬件的改善，更要体现在教育效益的提高。不能单纯以学生分数衡量教育质量的高低，要立足于学生的综合素质发展，切实转变教育观念，切实树立"品德为先、素质为重"的人才观和"知识教育与能力培养并重"的教育观，把教育的本意回归到促进学生成长成才上来，全面实施素质教育。"培养德智体美全面发展的社会主义事业建设者和接班人"。二是促进教育公平。教育公平，是社会公平的重要组成部分，是办好人民满意教育的重要内容。教育公平包含两层含义：一是教育事业的相对均衡，包括推进不同地区教育相对均衡和区域教育事业的均衡发展，以及各类教育的均衡发展等；二是相对于个体的教育均衡，包括让每个个体平等享受教育机会，推进优质教育资源的全覆盖，以及对贫困家庭、弱势群体的关爱和实施教育扶贫等。

具体措施：一是投入方面。教育经费投入是教育事业发展的物质保障。在投入上，报告强调了政府对教育投入的责任，结合均衡发展和促进公平的要求，提出了两项举措：公共教育投入要向中西部和边远、贫困地区倾斜；统一城乡义务教育经费保障机制，改善薄弱学校和寄宿学校办学条件。二是改革方面。推进教育改革创新，就要打破旧体制机制的束缚。在推进教育均衡发展上，报告针对当前教育的薄弱环节，提出了"鼓励普惠性幼儿园发展"、"办好特殊教育"、"大力发展现代职业教

育"、"提升高校教学水平和创新能力,推动具备条件的普通本科高校向应用型转变"、"支持和规范民办教育发展"五个方面;在教育资源方面,报告提出要"加快推进远程教育,扩大优质教育资源覆盖面"。三是惠民方面。让人民群众充分享受经济社会发展成果,是社会进步的体现。在教育惠民方面,报告重点强调了四项举措:一是分类推进中等职业教育免除学杂费;二是对贫困家庭学生率先免除普通高中学杂费;三是落实提高乡村教师待遇政策;四是继续扩大重点高校面向贫困地区农村招生规模,落实和完善农民工随迁子女在当地就学和升学考试政策。四是责任方面。值得注意的是,今年的报告特别强调要落实发展教育事业的责任。提出"从家庭到学校、从政府到社会,都要为孩子们的安全健康、成长成才担起责任,共同托起明天的希望。"

(3) 医疗、食品安全方面。《报告》中提出:"协调推进医疗、医保、医药联动改革"。"三医联动"被首次写入政府工作报告。政府在医改方面的投入不断加大,让人民对改革有更多获得感。今年要实现大病保险全覆盖,让更多大病患者减轻负担。中央财政安排城乡医疗救助补助资金 160 亿元,增长 9.6%。整合城乡居民基本医保制度,财政补助由每人每年 380 元提高到 420 元。改革医保支付方式,加快推进基本医保全国联网和异地就医结算。扩大公立医院综合改革试点城市范围,协同推进医疗服务价格、药品流通等改革。深化药品医疗器械审评审批制度改革。加快培养全科医生、儿科医生。在 70%左右的地市开展分级诊疗试点。基本公共卫生服务经费财政补助从人均 40 元提高到 45 元,促进医疗资源向基层和农村流动。鼓励社会办医。发展中医药、民族医药事业。建立健全符合医疗行业特点的人事薪酬制度,保护和调动医务人员积极性。《报告》中就食品安全方面也提出了相关要求:为了人民健康,要加快健全统一权威的食品药品安全监管体制,严守从农田到餐桌、从实验室到医院的每一道防线,让人民群众吃得安全、吃得放心。

(4) 社会保障方面。随着我国医疗水平的提高,目前人均寿命已经延长至 75 岁,人口老龄化进入快速发展阶段。人社部数据显示,截止 2015 年底,我国 60 岁以上人口达到 2.22 亿,占人口总数 16.1%,其中 65 岁以上老人人口 1.44 亿,占人口总数 10%。今年的政府工作报告 14 次提及养老问题,提出在养老领域要加速改革。落实临时救助、特困人员救助供养等制度。城乡低保人均补助标准分别提高 5%和 8%。加快健全城乡社会救助体系,使困难群众遇急有助、遇困有帮,让社会充满关爱和温暖。

《报告》提出:"织密织牢社会保障安全网。继续提高退休人员基本养老金标准。各地要切实负起责任,确保养老金按时足额发放。制定划转部分国有资本充实社保基金办法。开展养老服务业综合改革试点,推进多种形式的医养结合。"

(5) 文化建设方面。文化是民族的血脉,是人民的精神家园。加强文化建设对于保持和发展我国优秀传统文化有重要意义;对于经济、政治、社会和生态文明建设均具有促进作用；对于引导社会思潮，满足人民需求具有直接功效。党的十八大提出，我们一定要坚持社会主义先进文化前进方向，树立高度的文化自觉和文化自信，向着建设社会主义文化强国的宏伟目标阔步前进。党中央高度重视文化建设，《报告》中强调要推进文化改革发展，并提出了一系列重要举措：用中国梦和中国特色社会主义凝聚共识、汇聚力量，培育和践行社会主义核心价值观，加强爱国主义教育；实施哲学社会科学创新工程，发展文学艺术、新闻出版、广播影视、档案等事业。建设中国特色新型智库。加强文化遗产保护利用。深化群众性精神文明创建活动，倡导全民阅读，普及科学知识，提高国民素质和社会文明程度。促进传统媒体与新兴媒体融合发展。培育健康网络文化。深化中外人文交流，加强国际传播能力建设。引导公共文化资源向城乡基层倾斜，推动文化产业创新发展。推进数字广播电视户户通。做好北京冬奥会和冬残奥会筹办工作，形成全民健身新时尚。

(6) 社会治理方面。加强和创新社会治理。推进城乡社区建设，促进基层民主协商。支持工会、共青团、妇联等群团组织参与社会治理。加快行业协会商会与行政机关脱钩改革，依法规范发展社会组织，支持专业社会工作、志愿服务和慈善事业发展。完善社会信用体系。切实保障妇女、儿童、残疾人权益，加强对农村留守儿童和妇女、老人的关爱服务。开展法治宣传教育，做好法律援助和社区矫正工作。完善国家网络安全保障体系。创新社会治安综合治理机制，以信息化为支撑推进社会治安防控体系建设，依法惩治违法犯罪行为，严厉打击暴力恐怖活动，增强人民群众的安全感。改进信访、人民调解工作，有效化解矛盾纠纷，促进社会平安祥和。

(7) 基础设施建设方面。加强城市规划建设管理，增强城市规划的科学性、权威性、公开性，促进"多规合一"。开工建设城市地下综合管廊 2000 公里以上。积极推广绿色建筑和建材，大力发展钢结构和装配式建筑，提高建筑工程标准和质量。打造智慧城市，改善人居环境，使人民群众生活得更安心、更省心、更舒心。

(8) 改善农村公共服务。加大农村基础设施建设力度，新建改建农村公路 20 万公里，具备条件的乡镇和建制村要加快通硬化路、通客车。抓紧新一轮农村电网改造升级，两年内实现农村稳定可靠供电服务和平原地区机井通电全覆盖。实施饮水安全巩固提升工程。推动电子商务进农村。建设美丽宜居乡村。

(9) 脱贫攻坚方面。"贫穷不是社会主义，社会主义要消灭贫穷。"消除贫困、改善民生、实现共同富裕，是党和政府始终追求的奋斗目标。改革开放 30 多年来，我国逾 7 万人摘掉了贫困帽子。与过去相比，贫困面大幅缩小了，但当前扶贫攻坚要面对的是那些底子最薄、条件最差、难度最大的"硬骨头"。《报告》提出，今年要完成 1000 万以上农村贫困人口脱贫任务，其中易地搬迁脱贫 200 万人以上，精准扶贫就是解决问题的良方，坚持精准扶贫脱贫，因人因地施策。深入开展定点扶贫、东西协作扶贫，支持社会力量参与脱贫攻坚。扶贫脱贫是硬任务，各级政府已经立下军令状，必须按时保质保量完成。

《报告》并提出了相关配套政策措施：继续推进贫困农户危房改造。中央财政扶贫资金增长 43.4%。在贫困县推进涉农资金整合。大力培育特色产业，支持就业创业。解决好通路、通水、通电、通网络等问题，增强集中连片特困地区发展能力。国家各项惠民政策和民生项目，要向贫困地区倾斜。

(10) 公共安全方面。生命高于一切，安全重于泰山。必须坚持不懈抓好安全生产和公共安全，加强安全基础设施和防灾减灾能力建设，健全监测预警应急机制，提高气象服务水平，做好地震、测绘、地质等工作。完善和落实安全生产责任、管理制度和考核机制，实行党政同责、一岗双责、失职追责，严格监管执法，坚决遏制重特大安全事故发生，切实保障人民生命财产安全。安全责任党政同责是以习近平同志为总书记的新一届中央领导集体提出的新要求、新标准。特别在安全问题上，有时责任主要由相应的行政干部承担，而相应的党务干部责任则相对较轻。十八大以后，实行党政同管、同抓、同责，在各个方面都取得了良好效果，特别是在安全生产方面，安全率明显提高、事故率逐步下降。

8. 加强政府自身建设

《报告》提出，重任千钧惟担当。面对异常艰巨复杂的改革发展任务，各级政府要深入贯彻落实新发展理念，把全面建成小康社会使命扛在肩上，把万家忧乐放在心头，建设人民满意的法治政府、创新政府、廉洁政府和服务型政府。

(1) 坚持依法履职，把政府活动全面纳入法治轨道。各级政府及其工作人员要严格遵守宪法和法律，自觉运用法治思维和法治方式推动工作，法定职责必须为，法无授权不可为。积极推行政府法律顾问制度。深入推进政务公开，充分发挥传统媒体、新兴媒体作用，利用好网络平台，及时回应社会关切，使群众了解政府做什么、怎么做。各级政府要依法接受同级人大及其常委会的监督，自觉接受人民政协的民主监督，接受社会和舆论监督，让权力在阳光下运行。

(2) 坚持廉洁履职，深入推进反腐倡廉。认真落实党风廉政建设主体责任，严厉整治各种顶风违纪行为。加强行政监察，推进审计全覆盖。以减权限权、创新监管等举措减少寻租空间，铲除滋生腐败土壤。推动党风廉政建设向基层延伸，坚决纠正侵害群众利益的不正之风，坚定不移惩治腐败。反腐还远远没有"告一段落"。从长远看，今年还会出现多个反腐高潮，而且力度不会降低。反腐对于我们国家有两个层面的益处。首先，反腐确立了党纪和法律的权威。过去一二十年间，党纪和法律的权威在某些方面削弱，要纠正这个现象，靠一两年的打虎可能还不够，这需要持续的反腐来纠正如此长时间所形成的党纪与法律削弱的现象。反腐归根到底是要重新塑造党和政府的权威。其次，反腐也让政府能够取信于民。腐败对党和政府其实造成了很大的伤害。老百姓对政府有不少怨言。要重塑党纪和法律的权威，重建政府的威信，只有通过彻底的反腐，老百姓才会相信政府是人民的政府，中国共产党是为人民服务的政党。

（3）坚持勤勉履职，提高执行力和公信力。政府工作人员要恪尽职守、夙夜在公，主动作为、善谋勇为。深入践行"三严三实"，增强政治意识、大局意识、核心意识、看齐意识，加强作风和能力建设，打造高素质专业化的公务员队伍。健全并严格执行工作责任制，确保各项政策和任务不折不扣落到实处。健全督查问责机制，坚决整肃庸政懒政怠政行为，决不允许占着位子不干事。健全激励机制和容错纠错机制，给改革创新者撑腰鼓劲，让广大干部愿干事、敢干事、能干成事。中国改革开放30多年的辉煌成就，就是广大干部群众干出来的。

《报告》中提到的"简除烦苛，禁察非法"，出自《后汉书》，意为政府把该管的管好，不该伸手的坚决砍掉。政府要继续推动简政放权，切实转变政府职能、提高效能。同时，要鼓励改革创新，对于一些开创性的工作和试点，要有包容态度，让干部释放更大的工作积极性。《报告》中提出要"健全激励机制和容错纠错机制，给改革创新者撑腰鼓劲，让广大干部愿干事、敢干事、能干成事。""容错纠错机制"就是给予改革者、创新者鼓励和保障，既鼓励创新、表扬先进，也允许试错、宽容失败，最大限度调动广大干部的积极性、主动性、创造性，推动全社会形成想改革、敢改革、善改革的良好风尚。近年来，在中央要求从严治党的背景下，部分干部出现了干事创业的积极性有所下降，不愿担当，不敢作为的现象，庸政、懒政和怠政问题已逐渐成为一个突出矛盾。在"为官不为"广受诟病的当下，中央的"容错纠错机制"可谓直指病灶，为激发干部想事、谋事、干事开辟了新路径，此机制的建立和实行，势必能调动广大干部的积极性、主动性、创造性。

四、2016 年政府工作报告的重要意义和深远影响

2016 年政府工作报告是一个承前启后的报告——"十二五"圆满收官，"十三五"昂首开局；是一个催人奋进的报告——全面建成小康社会打响决胜战役，第一个百年目标胜利在望；是一个凝心聚力的报告——增强自信迎难而进，上下同心全力冲刺。报告明晰地勾画出了今年及未来五年乃至更长时间内中国经济社会发展的基本蓝图，涉及经济、政治、文化、社会、生态文明等各个方面，引领中国发展走向，将对中国未来发展产生深远影响。

1. 综合经济实力将跃上新台阶

2016 年将保持经济总体运行平稳，稳中有进、稳中有好，经济质量和效益将跃上新台阶，并通过加快转变经济发展方式、不断调整优化产业结构，过去粗放经营、唯 GDP 发展所带来的诸多问题都将逐步解决，经济综合实力显著增强。今年将实现消费结构继续升级，改善产品和服务供给，提升消费品质；促进制造业升级；加快现代服务业发展；积极推进以人为核心新型城镇化，重点实施好"三大战略"，深入

推进"四大板块"协调发展，区域经济一体化快速推进。未来中国经济将行稳致远，一年一大步、五年一个大台阶。

2. 实施创新驱动发展将取得新进展

今年将着力实施创新驱动发展战略，促进科技与经济深度融合，以创新获利润、以创新求空间、以创新谋发展。未来五年逐步实现创新型经济格局，大幅提升自主创新能力，实现创新体系协同高效，优化创新创业环境。"十三五"将在关键核心技术领域取得重大突破，创新土壤将喜获丰收，还会引领全球创新潮流。到 2020 年我国将进入创新国家行列，基本建成中国特色国家创新体系，有力支持全面建成小康社会目标的实现。

3. 深化改革推进开放将实现新突破

今年改革开放将继续推进向纵深发展，全面落地政策措施，破解经济社会发展突出问题的体制机制障碍，加强供给侧结构性改革，财税、金融、国企等重点领域改革将取得突破进展。"十三五"时期坚持和完善基本经济制度，建立现代产权制度，基本建成法治政府，使市场在资源配置中起决定性作用和更好发挥政府作用，加快形成引领经济发展新常态的体制机制和发展方式。"一带一路"建设取得重大进展，国际产能合作实现新的突破。对外贸易向优进优出转变，服务贸易比重显著提升，从贸易大国迈向贸易强国。全面实行准入前国民待遇加负面清单管理制度，逐步构建高标准自由贸易区网络，基本形成开放型经济新体制新格局。

4. 保障改善民生将取得新成就

《报告》坚持经济发展以保障和改善民生为出发点和落脚点，扩大民生基本面，提高民政资金使用效率和精准度，逐年加大保障和改善民生的力度，未来人民将有更多共享社会经济发展成果的获得感。随着 2016 年有关保障和改善民生的举措落地，"十三五"时期中国民生将进入"升级期"。未来五年将逐步实现义务教育学校标准化、普及高中阶段教育、建设世界一流大学和一流学科等工程，劳动年龄人口平均受教育年限从 10.23 年提高到 10.8 年。实现城镇新增就业 5000 万人以上。完善收入分配制度，缩小收入差距，提高中等收入人口比重。完善住房保障体系，城镇棚户区住房改造 2000 万套。推进健康中国建设，人均预期寿命提高 1 岁。构建现代公共文化服务体系，实施公民道德建设、中华文化传承等工程。基础设施将日趋完善，支持能力将显著增强。人民生活将大幅改善，人民群众关心的教育、就业、收入、社保、医疗卫生、食品安全问题将取得突破进展，改革开放发展成果将更多、更公平、更实在地惠及广大人民群众。人民的物质生活更殷实，又要让人民的精神生活更丰富。

5. 生态文明建设将开创新局面

今年将认真落实《报告》中提出的有关环境治理和环境保护的相关举措，从而取得绿色发展突破进展。今后五年，单位国内生产总值用水量、能耗、二氧化碳排放量分别下降 23%、15%、18%，森林覆盖率达到 23.04%，能源资源开发利用效率大幅提高，生态环境质量总体改善。特别是治理大气雾霾取得明显进展，地级及以上城市空气质量优良天数比率超过 80%。到 2020 年，尊重自然、善待自然将成为流行的理念，节约资源、绿色生活将成为大众的选择；破坏生态将受到严厉的处罚，浪费资源将遭到普遍的谴责，绿色生产生活方式将逐步形成。

6. 依法行政、勤政廉政建设将展现新面貌

《报告》强调加强政府自身建设，建设人民满意的法治政府、创新政府、廉洁政府和服务型政府。通过贯彻落实《报告》中提出的政策措施：转变职能，依法行政；强化执行，科学理政；廉洁自律，从严治政；改进作风，高效施政。未来几年国家治理能力和治理水平都会有很大的提升。

综上所述，今年的政府工作报告既对过去一年的工作进行了总结，也对今年工作进行了安排部署，并对今后五年乃至未来进行了展望。所作出的总体安排，可以说是正当其时、机遇难得。我们有信心在党的十八大总体纲领和十八届三中、四中、五中全会具体纲领指引下，打赢这场攻坚战。报告既是一份计划案，也是一份责任状、动员令，需要全体党员干部以求真务实的态度深入贯彻落实，更需要全国各族人民凝心聚力，奋发进取。上下同欲者胜，让我们共同为决胜全面小康、实现中华民族伟大复兴贡献出自己的力量。

思考题

1. 阐述 2016 年政府着力完成的八项重点工作。
2. 如何加强供给侧结构性改革，增强持续增长动力？
3. 《报告》提出，今年继续毫不放松抓好"三农"工作，阐述具体采取那些举措？
4. 如何理解《报告》中提到的有许多新举措，新词汇？
5. 阐述今年在加强政府自身建设工作部署。

第三讲 经济新常态下供给侧结构性改革

"十二五"时期以来，我国经济发展过程中长期性结构不合理现象日益突出。习近平总书记在中央财经领导小组会议上首次提出了"供给侧改革"，明确提出"在适度扩大总需求的同时，着力加强供给侧结构性改革，着力提高供给体系质量和效率，增强经济持续增长动力"。此后，习近平总书记和李克强总理在多种场合中，不断强调"供给侧改革"。2015 年中央经济工作会议更加强调了供给侧结构性改革的重要意义，指出："推进供给侧结构性改革，是适应和引领经济发展新常态的重大创新，是适应国际金融危机发生后综合国力竞争新形势的主动选择，是适应我国经济发展新常态的必然要求。"

一、供给侧结构性改革背景

供给侧结构性改革的提出，有重要的历史和现实背景，它是适应和引领经济发展新常态的重大创新，是适应国际金融危机发生后综合国力竞争新形势的主动选择，是适应我国经济发展新常态的必然要求。

1. 我国经济发展新常态

1）我国经济发展"新常态"的内涵

早在 2002 年，西方媒体就提出了"新常态"这个词。2010 年，"新常态"出现在了太平洋投资管理公司 CEO 埃里安题为《驾驭工业化国家的"新常态"》的报告中。在报告里，埃里安正式用"新常态"概念来诠释金融危机后世界经济出现的新特征。他指出，"新常态"是相对于"旧常态"而言的，"旧常态"指本轮全球金融危机之前长达 20 余年的"大稳定"时期，这段时期被认为是第三轮全球化的经济繁荣时期，其主要特征是：经济持续增长与低通胀、低失业率、低波动同时并存。而"新常态"主要是指西方发达经济体在危机过后长期疲弱、失业率高的现状。"新常态"的出现预示着全球经济转向下行周期的开始。

2014 年 5 月，习近平总书记在河南考察时首次使用"新常态"概念，他提出，我国发展仍处于重要战略机遇期，我们要增强信心，从当前我国经济发展的阶段性特征出发，适应新常态，保持战略上的平常心态。7 月末，习总书记在与党外人士座谈会上再次强调，要正确认识中国经济发展的阶段性特征，进一步增强信心，适应新常态。2014 年 11 月 10 日，在 APEC 领导人峰会上，习总书记指出了我国经济发展新常态下速度变化、结构优化、动力转化三大特点，并表达了对新常态下中国经济发展新机遇的乐观期待。2014 年 12 月 9 日，新常态再次亮相中央经济工作会议。会议诠释新常态的含义为"正从高速增长转向中高速增长，经济发展方式正从规模速度型粗放增长转向质量效率型集约增长，经济结构正从增量扩能为主转向调整存量、做优增量并存的深度调整，经济发展动力正从传统增长点转向新的增长点"。在会上，习总书记明确指出，我国经济发展进入新常态是我国经济发展阶段性特征的必然反映，是不以人的意志为转移的。认识新常态、适应新常态、引领新常态，是当前和今后一个时期我国经济发展的大逻辑。与国外的"新常态"相比，虽然用词一致，但是我国的新常态概念与国外新常态的内涵却并不相同。在国外，新常态更多地刻画了一种经济发展长期停滞的基本特征，是一种比较悲观的表达方式。而在我国，新常态是进步，是"富态"，是中国经济进入更高层级发展阶段后才出现的现状，它不仅分析了中国经济转型的必要性，而且明确指出了中国经济转型的方向，同时也指出了转型的动力结构。认识新常态，适应新常态，引领新常态，才能站上新的历史方位、不断推动经济持续健康发展。

2) "新常态"的特征及面临的挑战

(1) 经济社会层面上的阶段性特征。首先，经济减速换档。从 2007 年国际金融危机至今，我国经济增速除 2010 年曾略有上升外，整体上已连续 8 年处于下行调整之中，经济增速从 2007 年的 14.2% 下降至目前的 7% 左右。从 2015 年的经济发展现状来看，前 11 个月出口总值为 220790 亿元，同比增长 -7.8%，进口与出口同比分别下降 14.4% 与 2.2%，外贸风光不再；前 10 个月全国固定资产投资完成额 447434 亿元，同比增长 10.2%，从产业来看，第二产业投资同比仅增 8.0%，其中制造业投资回落，房地产投资增速快速下降，固定资产投资增速下滑明显；前 11 个月官方制造业 PMI 均值为 43.93%，位于临界值之下，11 月中采制造业 PMI 为 49.6%，创三年来新低，显示制造业仍在转差；企业景气指数仍处于持续下滑的趋势，10 月数值为 115.5，为 2010 年以来最低值，仅高于金融危机时，说明我国工业去库存、调结构的阶段远没有结束。"十三五"规划提出，未来 5 年 GDP 的增长底线 6.5% 左右。中国社会科学院宏观经济运行与政策模拟实验室的预测结果显示，在 2016—2020 年、2021—2030 年两个时间段内，中国潜在的增长率区间分别为 5.7%～6.6% 和 5.4%～6.3%，增速递减的趋势甚为明显。其次，经济结构优化趋势加快。需求结构方面，消费需求在经济增长中的作用日益重要，特别是 2013 年后消费贡献率增幅明显，由 2013 年的 50% 增长到 2015 年上半年的 60%。产业结构方面，2015 年上半年，第三产业占国民生产总值的比重达到 49.5%，2011—2014 年，装备制造业和高技术产业增加值年均增长分别为 13.2% 和 11.7%，快于规模以上工业增加值 2.7 和 1.2 个百分点，与此同时，传统产业转型升级步伐不断加快，新产业、新业态不断涌现。城乡结构方面，城镇化进程持续推进，2014 年城镇化率达到 54.77%，每年新增城镇人口近

2000 万人。区域结构方面，中西部地区表现出强劲的发展潜力，重庆、贵州经济增速领跑其他省份。"一带一路"建设、京津冀协同发展、长江经济带建设为引领的区域发展总体战略的实施，不断拓展着区域发展新空间。最后，增长动力由要素驱动、投资驱动向创新驱动转换。这是经济新常态的核心内涵。改革开放三十多年来，我国经济增长主要是依靠劳动力、资本、资源三大传统要素投入，是一种典型的要素驱动型。从当前的情况看，这三大要素均面临着诸多瓶颈约束，已难以支持我国经济的长期高速增长。面对世界科技创新和产业革命的新一轮浪潮，面对企业主动转型、创新意愿的明显加强，我国经济增长的动力正逐步发生转换。2013 年我国全要素生产率水平是 1978 年的近 3 倍，这是由体制改革、技术进步、结构优化等因素综合作用的结果。我国经济正逐步转换增长动力，逐渐转入创新驱动型的新常态经济。但总体上看，我国经济仍然存在大而不强、快而不优的问题，创新能力不足，核心技术缺乏，人口、资源、环境压力越来越大，物质资源越用越少，更多依靠创新驱动引领发展任重道远。

(2) 新矛盾与新问题。在新常态下，我国国民经济的运行进入了一个新的中高速增长平台。与这个新的增速平台相"内洽"的经济指标，如储蓄、投资、物价、就业、财政收支、国际收支、人民币汇率、利率、货币供给等，也都相应出现了新的特征。这些特征在适应新常态而变化的同时，也会暴露出我国经济运行中长期存在的一些深层次矛盾，并且会带来新常态下的一些新问题。一是产能过剩，投资回报递减。由于财政开支向资本密集的基础设施倾斜，鼓励资本密集型的重型制造业投资，各级地方政府为了增加本地就业和税收收入，同时也为了获取中央政府的产业优惠和转移支付，无不积极扶持本地企业，致使各地区之间出现较为普遍的产业结构同质化现象，导致钢铁、水泥、建材、能源、机械制造等行业全国化的产能过剩。PPI 已连续40 多个月负增长，这些行业对整个工业 PPI 下降的贡献占 70%到 80%，如果这种情况再继续下去，不仅企业经营困难加大，而且金融、财政的风险也会进一步加大或凸显。与此同时，投资回报递减。在 2009 年的时候政府四万亿投资、十万亿贷款下去经济增速马上就回升三个甚至四个百分点，但是近年来效率递减，同样的刺激力度，但是回升的很少而且持续的时间很短，甚至到了最近这两年投资下去了 GDP 增速没有变化，用增强需求的办法去解决问题效果越来越差了。二是企业生产经营成本增长过快。改革开放以来，低成本优势一直是中国产品在国际市场上竞争的有力武器，但目前，我国已经进入了各种成本全面上升的阶段，有些方面的成本，不仅高于其他中等收入国家，甚至高于高收入国家。成本高是多重因素造成的：体制僵化，比如电的垄断、银行垄断、中介服务的垄断等带来的高成本；过度福利化，免费的午餐越多，宏观的税负越高，必然要抬高成本；人口红利因素逆转，2012 年，我国劳动年龄人口占比为 74.1%，较 2011 年下降 0.3%，人口红利消失的拐点已经出现，用人成本提升；有些政绩工程、没有回报的投资，以及结构调整中僵尸企业难以及时出清等，也间接转嫁过来不少成本。三是债务风险增大。改革开放以来，我国各部门的负债率和杠杆率一直处于较稳定的低水平，这种局面于 2009 年开始逆转，杠杆率显著上升，同时伴随着债务融资工具期限不断缩短。另外，地方债潜在风险也不可小觑：地方面临"稳增长"和"防风险"的双重压力，在财力增长放缓、特别是土地出让收入持续下滑的形势下，地方偿债能力下降，一些地区债务规模较大；债务期限和对应的投资项目之间存在严重的期限错配，平均而言，地方政府债务期限为 2 年，而对应的投资项目需 4 年以上才能完成；经济增长速度下滑、城镇化战略转型、房地产市场调整等因素，也使地方政府财务状况恶化。四是资源环境约束增强。改革开放以来推行的以经济建设为中心的发展战略，在很大程度上使我们忽视了对生态环境的保护。目前我国发展面临资源约束趋紧、环境污染严重、生态系统退化的严峻形势。作为仍处在工业化进程中的发展中国家，如何在经济发展与生态环境保护之间找到平衡，从而实现双赢，是亟需破解的难题。五是创新能力不足。根据汤森路透的研究报告，2012 年，以专利为主要指标的全球创新企业百强排名，中国企业无一上榜，以知名商标为主要指标的世界品牌 100 强当中，中国仅有 4 个。国家知识产权局对 25 家具有代表性创新型企业统计显示，其无形资产占企业总资产比例平均仅为 0.65%，而其中知识产权资产占无形资产的比例则仅有 16.98%，与发达国家的平均水平差距显著。中国每百万人口专利申请数大约只有韩国和日本的 10%，不到美国的 30%，也显著低于英法德等其他发达国家。通过模仿追赶日益接近技术前沿导致全要素生产率趋势性放缓，从过去的长期"赶超"转向自主创新为主，是一个艰难的转变，创新能力不足问题凸显。分析以上所列各个方面，可以看出，进入新常态的中国经济，面临一系列新的突出矛盾和问题。表面上看是速度问题，根子上看是结构问题。抓住经济结构改革做文章，是中国经济进入发展新阶段的必然选择。

3) "新常态"下中国经济形势

在世界经济增长持续放缓、中国经济进入新常态的背景下，中国政府采取一系列措施，妥善应对复杂的内外环境，积极认识新常态、适应新常态、引领新常态。同时，不断创新宏观调控方式，主动调整产业结构，全面深化改革，以大众创业、万众创新探寻新的发展动能，保持新常态下经济中高速增长和推动产业迈向中高端水平。"十三五"期间，中国经济发展长期向好的基本面未变，经济韧性好、潜力足、回旋余地大的基本特征未变，持续增长的良好支撑基础和条件未变，经济结构调整优化的前进态势未变。但是应该看到，新常态下的中国经济正经历着结构调整、产业升级、发展方式转型和全面深化改革的阵痛。面临的挑战前所未有。

新常态下中国经济发展环境发生深刻变化。"十三五"期间，中国发展仍处于可以大有作为的重要战略机遇期，但战略机遇期的内涵发生深刻变化，中国经济发展既面临许多有利条件，也面临不少风险挑战。尤其是，新常态下的中国经济正出现一系列阶段性的新变化，内外发展环境、条件、任务、要求等都在发生深刻变化。这是不以人的意志为转移的，是中国发展阶段性特征的必然现象。

国际上，和平与发展的时代主题没有变，但后危机时期，世界经济依然处于深度调整与艰难转型中，中国经济发展的重要战略机遇期不变，但外延与内涵正发生着深刻的变化。

(1) 从世界经济发展的速度看。世界经济由华尔街金融风暴前的高速增长，进入危机后的中低速发展。在整个"十三五"期间，世界经济仍将处于后危机时期的深度调整中，发展呈现亚健康和弱发展的新常态，刺激性复苏结束，结构性回落持续，周期性扩张疲弱，潜在经济增长率普遍下降，分化发展成为主要趋势，发展缺乏新的活力。关键是，危机前中国经济规模尚小，世界经济较快增长在很大程度上带动中国经济增长。"十三五"期间，一方面世界经济增速放缓，另一方面中国经济体量增大，世界经济对中国经济的带动作用相较危机前更弱。

(2) 从国际市场需求看。危机前，国际市场一定程度上靠发达国家举债消费支撑，中国经济供给侧总体呈外向型特征，为出口导向型经济，即"中国制造"的物美价廉商品大量出口到美欧等海外市场。中国的商品供给总量和国内的市场需求，以及靠债务撑起的世界市场总体维持均衡发展。危机后，美欧等发达国家陷入债务危机，去债务化导致需求市场开始收缩。结果，中国企业产能严重过剩，出口对中国经济增长的拉动作用减弱。故此，危机后的中国经济更需要靠内需拉动。

(3) 从国际投资看。危机前，经济全球化深化发展，全球分工从产业分工走向需求、供给、资源分工，一些国家成为净消费国，一些国家成为净生产国。中国当时靠低成本劳动力的比较优势，成为全球第一制造大国。今天，国际分工正面临重新洗牌，新的科技革命和产业变革正加速酝酿中；发达国家推进再工业化，其他新兴国家在加快自身工业化。特别是中国发展的基础条件已经变化，要素成本快速上升，依靠自身创造为未来创造新供给的能力还不足。所以，过去可依靠廉价劳动力、土地、资源等优势，依靠优惠政策，依靠引进外资来带动中国经济增长，现在这一发展机遇已经发生变化。

在国内，新常态下的中国经济发展呈现速度、结构、动力转换等三大新变化，即经济增长速度从高速向中高速增长，经济结构调整从增量扩能转向调整存量、做优增量并举，发展动力从主要依靠资源和低成本劳动力等要素投入转向改革创新等驱动。

(1) 从供给看。刘易斯拐点已经出现，适龄劳动人口开始减少。过去，劳动力成本低是中国经济发展中的最大优势，引进技术和管理就能迅速变成生产力。现在，人口老龄化日趋严重，农业富余劳动力减少，要素的规模驱动力减弱，经济增长需要更多地依靠人力资本质量和技术进步。据国家统计局统计，2012 年到 2014 年，16～59岁劳动年龄人口减少了 820 万，劳动力供需已经发生变化，劳动力成本不断上升。此外，资源供需形势也发生了变化。在经历制造业迅猛扩张后，国内外市场需求变化，使钢铁、有色、煤炭、石化、建材等产业均面临严重产能过剩，这些产业供给体系已经发生变化。另外，经历 30 多年高强度大规模开发建设后，传统产业相对饱和，但一些新技术、新产品、新业态、新商业模式的投资机会大量涌现，对创新投融资方式提出新的要求，适时把握投资方向，消除投资障碍，将使投资继续对经济发展发挥关键作用。

(2) 从需求看。2013 年，中国城镇居民户均住房已经达到一套。2014 年，每千人拥有汽车数量超过一百辆。按照国际经验，中国房地产和汽车市场的需求正在发生变化，开始对房地产和汽车及其关联产业形成影响。房地产关联产业包括钢铁、水泥、玻璃等；汽车关联产业涵盖电子、橡胶、玻璃、钢板等。2000—2013 年，中国房地产投资年均增长 24%，2015 年的前三季度投资只增长了 2.6 %，表明需求市场正在发生变化。汽车市场也面临同样问题，过去十年间中国汽车年均产量增长 17.9%，2015 年的前三季度则下降 0.9%。另外，过去的中国消费具有明显的模仿型排浪式特征，现在这种消费阶段基本结束，个性化、多样化消费渐成主流，保证产品质量安全、通过创新供给激活需求的重要性显著上升。需要采取正确的消费政策，释放消费潜力，使消费继续在推动经济发展中发挥基础作用。

(3) 从增速看。新常态下中国经济增长开始放缓，这已是不争的事实。无疑，经济减速由周期性和结构性因素叠加而成，但根本原因在于结构性问题。表面上，经济疲软是有效需求不足，但实际上是有效供给不适应市场需求结构性变化。原因是，在市场需求开始发生明显变化时，供给侧结构性改革没有跟上这种变化。传统制造能力规模很大，而且这些年扩张很快。如果跟不上需求结构的变化，依然是传统结构的扩张和外延，结果导致需求和供给产生矛盾。目前，中国制造业、工业企业的产值增长速度均放缓，企业盈利状况恶化，2015 年的前三季度规模以上企业的利润出现负增长，这是十分少见的。

(4) 从结构看。经济增长下行应该是结构调整和动力转换的好时机。在经济繁荣期，企业满负荷生产，很难下决心调整结构。然而，经济下行反而倒逼企业调整结构，优化资源配置。所以，新常态下的经济形势变化，迫使企业加快推进过剩产能有效出清和资产重组、恢复市场优化配置资源功能，提振实体经济，激发并释放经济内在活力，为未来经济增长创造条件。另外，从资源环境约束看，过去能源资源和生态环境空间相对较大，当前环境承载能力已经达到或接近极限，必须顺应中国百姓对良好生态环境的期待，推动形成绿色低碳循环发展新方式。

4) "新常态"下"十三五"规划的经济社会发展目标

"十三五"期间是中国全面建成小康社会、实现中华民族伟大复兴"两个一百年"奋斗目标的第一个百年目标的决胜阶段，是作为中国经济社会发展进入新常态后的第一个五年规划。中国将通过大力推动市场化改革，尽快构建起一个大幅度增加创新驱动和消费拉动的可持续增长新模式，更加关注社会就业、居民收入增长和生态环境的持续改善。这是新常态下中国政府的经济政策选择，也是"十三五"期间中国经济发展的总趋势。

第一，牢固树立五大发展理念。

发展理念是发展行动的先导，是管全局、管根本、管方向、管长远的东西，是发展思路、发展方向、发展着力点的集中体现。为实现"十三五"规划的发展目标，破解发展难题，厚植发展优势，中国政府将牢固树立创新、协调、绿色、开放、共享的发展理念。上述五大发展理念是"十三五"乃至更长时期内中国经济社会的发展思路、发展方向、发展着力点的集中体现，也是改革开放 30 多年来中国发展经验的集中体现，全面反映中国共产党对中国发展规律的新认识。

一是以创新增强发展动能，推进结构性改革，进一步解放和发展生产力，全面实施创新驱动发展战略，以大众创业、万众创新为抓手实现发展动力转化、结构优化。二是以协调发展促进平衡发展，大力发展现代农业，扩大公共产品和公共服务供给，缩小城乡、区域差距。三是以绿色保障发展可持续，积极发展服务业、先进制造业和节能环保产业，实现经济发展和生态建设双赢。四是以开放拓展发展空间，推动"一带一路"建设和国际产能合作，在更好地融入世界中实现合作共赢。五是以共享体现发展公平，保住基本、兜牢底线、注重公平，让发展成果惠及全体人民。

第二，努力实现全面建成小康社会目标。

"十三五"时期是中国全面建成小康社会的决胜阶段。夺取这一胜利意味着，到 2020 年中国人均国内生产总值将接近高收入国家水平，基本跨越"中等收入陷阱"。它将是中国现代化进程中的一个重要里程碑。到 2020 年实现 GDP 和城乡居民人均收入比 2010 年翻一番时，初步预计中国国内生产总值将达到 17 万亿美元左右，经济实力和综合国力将进一步增强，人民生活进一步改善，发展将开始向更高水平迈进。这与 IMF 的预估数据基本一致。据 IMF 预测，按美元汇率计算，到 2020 年中国 GDP 规模将达到 17.1 万亿美元，人均 GDP 将为 1.2 万美元。

目前，虽然从总量看中国主要经济指标已居世界前列，但按人均计算只排在全球第 80 位上下，只相当于全球平均水平的 70%、美国的 1/7、欧盟的 1/5，按联合国人类发展指数排序，中国位居第 91 位。从综合发展水平看，特别是在创新能力，劳动生产率、社会福利水平等，中国与发达国家仍有很大差距。到 2020 年实现全面建成小康社会目标时，中国人均 GDP 大体只相当于世界平均水平的 90%。因此，发展是硬道理，是解决中国一切问题的基础和关键。必须坚持发展是第一要务，以提高发展质量和效益为中心，全面深化改革，实施创新驱动发展战略，打造大众创业、万众创新和增加公共产品、公共服务"双引擎"，不断释放改革红利和人才红利，努力把经济潜在增长率充分发挥出来，推动中国发展不断迈上新台阶。

第三，保持经济中高速增长和产业中高端发展。

"十三五"时期是中国经济实现中高速增长、产业迈向中高端水平的关键时期。新常态下，中国主要经济指标需要平衡协调，经济发展的空间格局需要优化，投资效率和企业效率应该明显上升，工业化和信息化融合发展水平将进一步提高，产业迈向中高端水平，先进制造业加快发展，新产业新业态将不断壮大，服务业比重会进一步上升，消费对经济增长的贡献将明显上升。

综合分析，从国内生产总值翻一番看，2016 年至 2020 年中国经济年均增长底线是 6.5%以上。从城乡居民人均收入翻一番看，2010 年城镇居民人均可支配收入和农村居民人均纯收入分别为 19,109 元和 5,919 元。到 2020 年翻一番，按照居民收入增长和经济增长同步的要求，"十三五"时期经济保持中高速增长是硬指标(实际需要保持 7%左右的增速)。事实上，即使实现全面建成小康社会目标之后，相当长时期内中国经济仍然需要保持一定的增长速度，才能实现第二个百年奋斗目标。因此，保持经济中高速增长是中国经济的长期任务。在经济发展进入新常态的背景下，要长期保持经济中高速增长，必须加快转变经济发展方式，促进经济转型升级、迈向中高端水平。世界上不少发展中国家在进入中等收入后，因为未能实现转型升级，经济长期停滞，结果陷入"中等收入陷阱"。中国提出"双中高"目标，是要实现更高质量、更有效率、更加公平、更可持续的经济发展。故此，经济"双中高"目标是二位一体、互促共进的。只有保持经济中高速增长，才能为转方式、调结构留出空间，为迈向中高端发展创造好的条件；只有迈向中高端水平，才能既扩大需求、又创造供给，培育发展新动能，实现可持续的中高速增长。

作为世界第二大经济体，在 GDP 规模超过 10 万亿美元和复杂多变的国内外环境下，中国经济要实现"双中高"目标并不容易。然而，中国经济发展仍处于可大有作为的重要战略机遇期，有不少有利条件。国际上，新一轮科技革命和产业革命在孕育形成，将给中国经济发展带来新的机遇。在国内，新型工业化、信息化、城镇化、农业现代化在深入推进，经济发展依然有很大的潜力、韧性和回旋余地。近年来，中国政府坚持统筹稳增长、促改革、调结构、惠民生、防风险，不断创新宏观经济思路和方式，取得显著成效。实现经济"双中高"目标，需要充分挖掘内需潜力，激发和释放发展新动能。中国基础设施仍比较薄弱，产业装备急需升级改造，有效投资需求有很大潜力。同时，总储蓄率保持在较高水平，社会资金充裕，扩大有效投资具备物质条件。目前，消费对经济增长贡献率达到 60%，仍需着力扩大居民消费，推动消费结构升级，充分发挥消费对增长的基础作用。新型城镇化是扩大内需的最大潜力所在，也是最大的结构调整。通过深化户籍制度改革、增强城镇就业和公共服务能力等举措，着力解决好"三个一亿人"问题。如 2014 年按常住人口计算，中国城镇化率已达 54.77%，城镇常住人口达到 7.49 亿。但问题是，这些人口中包括 2.53 亿的以农民工为主体的外来常住人口，他们在城镇不能平等享受教育、就业服务、社会保障、医疗、保障性住房等方面的公共服务，由此带来一系列复杂的经济社会问题。根据《国家新型城镇化规划(2014—2020 年)》预测，2020 年户籍人口城镇化率将达到45%左右。按 2014 年户籍人口城镇化率 36.3%计算，年均提高 1.45 个百分点，年均需转户 1983 多万人。所以，应优化发展空间格局，充分发挥各地比较优势，逐步缩小区域发展差距。

实现"双中高"目标，必须实施创新驱动发展战略，深入推进大众创业、万众创新，打造增长新引擎。创新是引领发展的第一动力，把创新贯穿到经济发展的各个领域和全过程。加快推进农业现代化，促进农业稳定发展、农民持续增收，保障国家粮食安全。加快实施"中国制造 2025""互联网+"行动计划，进一步提高工业化和信息化融合发展水平，推动先进制造业加快发展。服务业已占据中国经济"半壁江山"，继续推进服务业领域的改革开放，着力发展生产性服务业，高端服务业和新兴服务业。大众创业、万众创新既是个人和小微企业的兴业之策，也是大企业的强盛之道。要依靠"双创"，打造众创、众包、众扶、众筹等平台，推动大中小企业变革生产经营方式、提升效率，促进传统产业改造升级和新产业、新业态、新模式发展。

第四，普遍提高人民生活水平和质量。

全面建成小康社会主要以人民生活水平和质量是否普遍提高为衡量标准。"十三五"期间，实现共享发展，在经济平稳增长基础上，促进居民收入持续提高，健全公共服务体系，着力解决群众最关心最直接最现实的利益问题，不断增进人民福祉。"十三五"时期，就业压力依然不小，结构性矛盾更加突出。需要更好发挥市场在促进就业中的作用，鼓励以创业带动就业，加强职业培训，着力解决好高校毕业生、农村转移劳动力和其他重点人群的就业问题，努力实现较充分的就业。教育是经济发展和社会进步的根本，需要大力促进教育公平发展和质量提升，使劳动年龄人口受教育年限得到明显提高，教育现代化取得重要进展。继续发展医疗卫生事业，努力保障人民群众健康。

政府增加公共产品、公共服务供给，既是普遍提高人民生活水平和质量的重要保障，也是经济发展的重要引擎。目前，公共产品短缺、公共服务薄弱等问题依然突出。政府主要是保基本、兜底线，非基本需求还是主要依靠市场来解决。按照保基本、建机制原则，完善社会保障制度，筑牢保障基本民生的安全网。"十三五"期间，政府将基本完成棚户区改造任务，让中低收入和困难群众居住条件得到进一步改善。

农村贫困人口脱贫是全面建成小康社会最艰巨的任务。中国现行脱贫标准是农民年人均纯收入按 2010 年不变价计算为 2300 元，2014 年现价脱贫标准为 2800 元。这一标准已经高于联合国的全球绝对贫困人口最新标准每天 1.9 美元(按 PPP 计算，折合人民币为 2427 元/年)。按现行标准，2014 年年末中国尚有 7017 万农村贫困人口。到 2020 年，通过实施精准扶贫、精准脱贫，7017 万农村贫困人口脱贫目标应该可以实现。具体做法是，通过产业扶持解决 3000 万人脱贫，通过转移就业解决 1000 万人脱贫，通过易地搬迁解决 1000 万人脱贫，总计约为 5000 万人；余下 2000 多万人为完全或部分丧失劳动能力的贫困人口，通过全部纳入低保覆盖范围，实现社保政策兜底脱贫。到 2020 年，如果中国真正实现上述全面脱贫的目标，将比联合国《2015 年后发展议程》所规定的全球减贫时间表(2030 年)提前 10 年。这将是中国为全球共享发展作出的最大贡献，并将被载入人类文明发展的史册。

第五，显著提高国民素质和社会文明程度。

实现全面建成小康社会目标，既要努力满足人民物质需求，也要努力满足人民精神文化需求。"十三五"期间，在抓好物质文明建设同时，中国政府将大力加强精神文明建设，使人民思想道德素质、科学文化素质、健康素质明显提高。事实上，一个国家国民素质和社会文明程度与文化密不可分。中国"将大力推动社会主义文化大发展、大繁荣，提高国家文化软实力，更好发挥文化引领风尚、教育人民、服务社会、推动发展的作用。创新是社会进步的动力，是中华优秀传统文化的精髓。"实现全面建成小康社会目标，必须更好发挥创新的作用。要积极倡导创业创新文化、理念和社会氛围，推动大众创业、万众创新，使人们在创造物质财富的同时，实现人生价值，凝聚起推动发展的新动能。

根据《建议》，到 2020 年将基本建成公共文化服务体系。为完成这一任务，政府、市场、社会需共同参与，构建起多层次、多方式的公共文化服务供给体系。政府主推文化事业发展，创新向社会力量购买公共文化服务模式，使人民群众基本文化权益得到更好保障。通过深化文化体制改革，促进文化产业转型升级，大力发展新型文化业态。同时，努力推动中华文化走向世界，扩大感召力和影响力。

良好生态环境是提升人民生活质量的重要内容，也是全面建成小康社会的应有之义。作为仍处于工业化进程中的发展中国家，如何在经济发展与生态环境保护两者之间找到平衡，从而实现双赢，是急需破解的难题。只有牢固树立绿色发展理念，把经济建设与生态文明建设有机融合起来，让良好生态环境成为全面小康社会普惠的公共产品和民生福祉。

迄今，中国能源资源消耗强度仍然偏高，节能减排潜力很大。"十三五"期间，政府将采取多管齐下政策，促进能源资源使用效率大幅提高，能源和水资源消耗、建设用地、碳排放总量得到有效控制，主要污染物排放总量大幅减少。同时，中国将大力扶植和发展节能环保产业，它不仅是促进环境保护的有效途径，也是新的经济增长点。

国土是生态文明建设的空间载体。"十三五"期间，政府将健全资源环境承载能力监测预警机制，构建科学合理的城市化格局和产业发展格局。对限制开发区域和禁止开发区域，将把生态环境安全作为不可逾越的"红线"。完善资源有偿使用制度和生态补偿机制，让保护资源环境的地方不吃亏、能受益。"十三五"期间，将使主体功能布局和生态安全屏障基本形成。

第六，通过全面对外开放促进制度建设。

改革开放既是推动发展的根本保障，也是推动制度建设的重要动力。根据中央

"十三五"规划要求，全面深化改革、进一步扩大开放，根除体制机制弊端，到2020年使国家治理体系和治理能力现代化取得重大进展，各领域基础性制度体系基本形成，各方面制度更加成熟更加定型。

经济体制改革是全面深化改革的重点，关键是处理好政府和市场的关系，使市场在资源配置中起决定性作用和更好发挥政府作用，核心问题在于转变政府职能，推进简政放权、放管结合、优化服务改革。近年来，政府职能转变取得重要进展。减少行政审批 1/3 的目标提前完成，非行政许可审批全部取消。特别是，推进商事制度改革，使新增市场主体呈井喷式增长。"十三五"期间，将继续推进"放活、管好、服务"等市场改革，健全现有市场体制既能激发市场活力和社会创造力，又能保障公平竞争，也能提供优质公共服务的体制机制。要加快构建开放型经济新体制，实施新一轮高水平对外开放，培育国际合作和竞争新优势。

创新外贸发展机制、推动"大进大出"向"优进优出"转变，创新外商投资管理体制、推动向"准入前国民待遇加负面清单"的管理模式转变，创新对外投资合作方式、推进"一带一路"建设和国际产能合作，创新内陆开放机制、推动形成全方位的区域开放新格局。此外，"十三五"期间，将协调推进政治、文化、社会、生态文明及党的建设等领域的制度建设。人民民主更加健全，民主制度更加完善，民主形式更加丰富。司法公信力明显提高。人权得到切实保障，产权受到有效保护，人民群众的积极性、主动性、创造性进一步得到发挥。

二、供给侧结构性改革内涵

1. 供给侧改革的经济学理论来源

19 世纪初法国经济学家萨伊(1767—1832)所倡导的古典自由主义经济学思想是供给学派的最为重要的思想源泉。特别是他所提出的"萨伊定理"，即供给自动创造需求的理论，是古典经济学关于供需关系的最为重要的表述。萨伊定理所倡导的经济政策基本上以放任自由与不干预为特征，强调市场的绝对主体地位，这也是 20 世纪初的主要资本主义国家所奉行的经济政策。

然而，1929—1933 年爆发的资本主义世界经济大萧条，使基于古典自由主义理念的经济政策受到严重挑战。不同于萨伊所强调的市场自动出清，以"有效需求不足"理论为基础的凯恩斯主义逐步成为资本主义国家主要宏观经济政策。凯恩斯主义以需求管理为核心，强调国家对经济的干预与控制。在实践上，1933 年开始的"罗斯福新政"通过一系列的以需求管理为特征的经济政策，有效地应对了美国经济危机。第二次世界大战以后，凯恩斯主义经济政策逐渐成为资本主义国家普遍采用的宏观经济管理手段。

到了 20 世纪 70 年代，高失业率与高通货膨胀率并存的"滞涨"现象，使凯恩斯主义广受质疑，以"需求管理"为核心的凯恩斯主义经济政策被认为是造成"滞涨"的主要原因，自由主义经济学派认为国家干预经济抑制了市场经济的活力，是造成"滞涨"的重要原因。由此，以蒙代尔和拉弗等经济学家为代表的供给学派(supply-side economics)的观点重新得到重视，并成为英国撒切尔政府和美国里根政府的经济政策的理论依据。尤其是被冠以"里根经济学"的里根政府的经济政策包括支持市场自由竞争，放松政府对企业的管制等；降低税收和公共开支，主张预算平衡；强调控制货币供应量应对通货膨胀，一时间被广为讨论。总体而言，"里根经济学"的政策主张取得了成功。但是，美国的财政赤字在里根政府时代持续恶化，财政赤字问题也成为里根任期内美国经济的常态，并一直延续到 1990 年代中期。与此同时，收入分配状况也明显走向恶化。

特别需要指出的是，尽管"里根经济学"所依据的供给学派理论和我国当前强调的"供给侧结构性改革"有类似的政策目标，即激发经济活力、促进经济增长。但是，我国的"供给侧结构性改革"与"里根经济学"在政策目标与发展环境等诸多方面存在明显差别。

"里根经济学"的政策目标首要是抑制通货膨胀。美国经济 1970 年代末出现的"滞涨"问题，在很大程度上与石油供给冲击导致的能源价格上升以及美国军事支出的膨胀有关，导致经济增长停滞和通货膨胀并存的现象。而我国目前的通货膨胀压力很小，但是结构性产能过剩比较严重，由此造成了资源配置的扭曲。此外，尽管我国当前经济增长放缓，但是仍旧保持了 7%左右的中高速增长。这与美国在 1980 年陷入负增长有很大不同。保持一个中高速增长为我国供给侧结构性调整创造了客观条件。

从发展阶段来看，我国当前的经济结构与里根时代的美国经济也有很大的差异。1980 年，美国城镇化率为 73.74%，服务业增加值达到 63.57%，服务业就业比重为 65.70%，这些指标都是发达经济体的典型标志。相比之下，我国 2014 年城镇化率为 54.41%，服务业增加值占 GDP 的比重为 48.2%，就业比重为 40.6%，收入水平仍旧处于中等收入阶段。

以上两点差别，决定了我国的供给侧结构性改革的政策手段，也必然不能照搬里根 1980 年代初实施的经济政策。"里根经济学"的政策手段突出的表现为减税(特别是针对富人阶层的减税)和放松管制，进而解决"滞涨"问题。而我国的供给侧结构性改革的核心是经济结构的调整和经济发展方式的转变，通过提高供给结构的适应性和灵活性，提高全要素生产率。

从这个意义上讲，我国的供给侧结构性改革既有短期任务，也必须具有长期战略；既要做好打持久战的准备，又要组织好重点领域的歼灭战。从短期来看，要抓好以"去产能、去库存、去杠杆、降成本、补短板"为核心的五大战术任务；从长期来看，供给侧结构性改革要以转变经济增长方式为目标，特别是要转变发展理念，落实"创新、协调、绿色、开放、共享"的五大发展理念。

总体而言，我国当前的供给侧结构性改革与里根政府进行基于供给学派的经济政策在政策背景、政策目标和手段方面存在根本性的区别。因此，我国在实施供给侧结构性改革中，应当厘清理论上与实践中的误区，不能照搬美国的历史经验。经济病症不同，政策药方自然也不同，这也是我国实施供给侧结构性改革的基本出发点。

2. 我国供给侧结构性改革内涵

供给侧结构性改革即从提高供给质量出发，用改革的办法推进结构调整，矫正要素配置扭曲，扩大有效供给，提高供给结构对需求变化的适应性和灵活性，提高全要素生产率，更好满足广大人民群众的需要，促进经济社会持续健康发展。

2015 年 11 月 10 日中央财经领导小组第十一次会议上，习近平总书记强调着力加强供给侧结构性改革后，"供给侧结构性改革"便成为改革的热门词汇，并被管理层多次提及。国务院总理李克强在"十三五"规划纲要编制工作会议上称，"要在供给侧和需求侧两端发力促进产业迈向中高端"。2015 年 12 月 18 日召开的中央经济工作会议提出，推进供给侧结构性改革，是适应和引领经济发展新常态的重大创新，是适应国际金融危机发生后综合国力竞争新优势的主动选择，是适应我国经济发展新常态的必然要求。由此可见，明年及今后一个时期，着力加强供给侧结构性改革将是我国经济体制改革的主要方向。

供给侧学派是 20 世纪 70 年代在美国兴起的一个经济学流派，强调经济的供给方面，"供给侧"与"需求侧"相对应。需求侧有投资、消费、出口三驾马车，三驾马车决定短期经济增长率(GDP = 投资 + 消费 + 净出口)；供给学派认为生产的增长决定于劳动力、资本、技术等生产要素的供给和有效利用，Output = 资本 + 劳动 + TFP(全要素生产率)。通过扩大投资、鼓励消费等方式扩大需求，从而拉动经济增长，属于需求侧管理；而供给侧管理重在通过鼓励企业创新，淘汰落后产能，降低税费负担等方式，推动经济发展。供给侧结构性改革，是强调在供给角度实施结构优化、增加有效供给的中长期视野的宏观调控。

供给侧结构性改革涉及面广，影响深远，既包含宏观层面的体制改革，又有微观层面的"细胞"修复，概括起来有以下内容和任务。

(1) 改革体制机制，完善制度供给安排。主要改革不适宜的机制体制，进一步简政放权，放开对经济的管制，释放正确的经济信号，减轻企业社会负担，减少税费"放水养鱼"。深化金融服务体系建设，推动实体企业融资机制创新，提高货币信贷、资本保险市场，支持工业转型升级。深化国有企业改革，坚持市场化方向，着力解决企业治理、运营机制、党建优势发挥方面的制度创新问题。通过全面深化改革，转换发展动能，释放改革红利。

(2) 化解过剩产能，完成"五大"任务。紧紧围绕"优化存量、引导增量、主动减量"的结构性改革目标，抓住供给侧存在的突出矛盾和问题，针对化解产能过剩，部署安排"去产能、去库存、去杠杆、降成本、补短板"的五大重点任务，采用"加减乘除"，综合施策，减少过剩产能和企业库存，遏制企业生产成本上升和工业品价格下跌势头，扩大有效投资，补足结构短板，在总量平衡的基础上，实现供给和需求结构的有效衔接。

(3) 治理"僵尸企业"，打好攻坚战和歼灭战。"僵尸企业"已成为当前经济发展的"顽症"，其产品和技术落后，失去市场竞争力，长期靠政府补贴或银行贷款维系生存，占用和耗费了大量的经济社会资源，成为改革调整的重点和难点，已刻不容缓，需要集中力量，去产能做减法，打好攻坚克难的硬仗。应系统梳理"僵尸企业"的不同情况，确定淘汰落后、治理"僵尸企业"的政策标准，坚持"一业一策"、"一企一策"，通过经济、法律、市场的手段，采用资产重组、产权转让、关闭破产等方式，"出清"不符合结构调整方向、扭亏无望的"僵尸企业"，从"去产能"入手根治经济顽疾，鼓励并购重组，引导资源向有需求的领域和有竞争力的企业集聚，重塑企业活力。

(4) 实施创新驱动，牵引产业转型升级。以创新、协调、绿色、开放、共享的五大理念，指导推进供给侧结构性改革，把正确认识、自觉适应、主动引领新常态作为解放思想的重要抓手，排除各种干扰，心无旁骛地抓调整、促升级。供给侧改革的关键在于技术创新，以此作为产业升级的"新引擎"，围绕产业升级，寻找新的经济增长动力和新的积极增长点，部署抓好配套的创新链条和技术攻关，加快传统产业的技术改造和工艺技术产品升级，用高新技术引领中低端的传统产业，向安全环保、智能制造、互联网等高端产业发展，增强经济持续增长动力。正确引导社会舆论，稳定心理预期，增强市场信心，为企业家、创新人才、各级干部干事创业营造宽松环境。

三、我国供给侧结构性改革进程和特征

1. 供给侧结构性改革进程

进入 21 世纪后，中国经济改革与发展的模式在发生本质的变化，尤其是在 2008 年次贷危机之后，这种变化表现得更加清晰，趋势更加明确和强劲。

第一，在需求方面，三驾马车的动力渐显疲弱，国际经济不景气导致中国出口增长受阻，而国内消费又始终不能发动，因此最终得靠政府推动基础设施投资来刺激需求。在这个阶段，中国经济的对外出口创汇所起到的作用已经不同于前一阶段。在前一阶段，这种出口就是为了储蓄以支持投资，这段时间没有产能过剩，储蓄是有意为之。之所以储蓄以出口作为去向，目的是为了获得国外的资本。而在目前阶段，之所以鼓励出口，则是为了解决产能过剩的问题，恰恰是因为国内储蓄过于充足而不得不鼓励对外出口。而出口创汇的去向方面则是金融投资(购买美国国债)、海外实业投资(通过国企海外扩张进行)、带有战略和政治考量的对外援助，同时也有消费品的进口和居民出国购买。到了 2008 年次贷危机阶段，中国出口受阻，政府不得不出台"四万亿"的刺激计划，延续了中国的高速增长，但是也带来影响至今的负面效果。而这种情形在 20 世纪最后 20 多年伴随经济改革与开放的经济发展中并不常见，期间只有1998 年前后的亚洲金融危机时出现出口不足的插曲。

第二，在供给方面，生态环境和自然资源的消耗已经超出了人们的承受能力。这一方面是因为中国过于粗放的经济增长方式对生态环境与自然资源的利用超过合理限度，另一方面也是因为随着收入水平的提高，人们对生态保护的需求也随之提高，知道生态环境是奢侈品。一方面的表现就是从近些年开始的雾霾越来越严重，同时还有碳排放问题和河流污染问题也愈演愈烈；另一方面的表现是人们对化工项目、垃圾处理项目的反对越来越激烈。考虑到生态环境的保护，国家调低了总供给的目标增长速度，这个速度在 6.5～7%之间，比以前的 9～10%的速度低了很多；国家也确定了经济结构升级的目标。这就带来投资增长的减缓，从而在短期导致已经形成的生产能力的闲置。

第三，还是在供给方面，人口红利逐渐消失，不仅年轻劳动力在数量上增长停滞，而且劳动意愿发生了根本改变，新生代劳动力在人力资本没有提升的情况下对闲暇的偏好却增加了，这直接导致了劳动力成本的上升，降低了中国产品的竞争力。

第四，人们对高质量产品的需求随着收入的增加而增加，这使得中国从海外进口的商品越来越多，甚至越来越多的人直接出国购物。这表明，国内生产与其说是产能过剩，不如说是产能错误。

总之，自 2008 年次贷危机以来，中国经济发展模式进入供需失衡的状态。虽然生产可能性边界仍然在外移，但是外移速度在降低，同时实际生产处于生产可能性边界之内。由生产可能性边界表现的潜在产能增长出现减速，其原因是两个方面：一是需求不足，从而不能刺激产能增加，二是原来的增长速度过快，不可持续，因此政府有意加以调控。

(1) 当前积极推进供给侧结构性改革，是以习近平同志为总书记的党中央在综合分析世界经济增长周期和我国发展阶段性特征及其相互作用的基础上，集中全党和全国人民智慧，从理论到实践不断探索的结晶。

从"三期叠加"到"新常态"，再到供给侧结构性改革，是一个不断探索、深化认识的过程。2013 年，中央认为我国经济进入"三期叠加"阶段，明确了我们对经济形势应该"怎么看"。2014 年，中央提出经济发展"新常态"，对此作了系统性理论论述，既进一步深化了"怎么看"，又为"怎么干"指明了方向。2015 年，中央财经领导小组第十一次会议提出要推进"供给侧结构性改革"，既深化了"怎么看"和"怎么干"的认识，又进一步明确了主攻方向、总体思路和工作重点。2015 年 12 月召开的中央经济工作会议，对供给侧结构性改革从理论思考到具体实践，都做了全面阐述，从顶层设计、政策措施直至重点任务，都做出了全链条部署。

（2）推进供给侧结构性改革，是大势所趋、形势使然。这是正确认识经济形势后，选择的经济治理药方。我国经济正从粗放向集约、从简单分工向复杂分工的高级形态演进，这是客观要求。我们不论主观上怎么想，都不能违背客观规律。粗放型经济发展方式曾经在我国发挥了很大作用，但现在再按照过去那种粗放型发展方式来做，不仅国内条件不支持，国际条件也不支持，是不可持续的。不抓紧转变，总有一天会走进死胡同。这一点，一定要认识到位。要发挥我国经济巨大潜能和强大优势，必须加快转变经济发展方式，加快调整经济结构，加快培育形成新的增长动力。通过转变经济发展方式实现持续发展、更高水平发展，这是中等收入国家跨越"中等收入陷阱"必经的阶段。

（3）推进供给侧结构性改革，是问题倒逼、必经关口。处于转型期的中国，经济发展长期向好的基本面没有变，经济韧性好、潜力足、回旋余地大的基本特征没有变，经济持续增长的良好支撑基础和条件没有变，经济结构调整优化的前进态势没有变。但在前进的道路上，我们必须破除长期积累的一些结构性、体制性、素质性突出矛盾和问题。这些突出矛盾和问题近期主要表现为"四降一升"，即经济增速下降、工业品价格下降、实体企业盈利下降、财政收入增幅下降、经济风险发生概率上升。这些问题主要不是周期性的，而是结构性的。比如，如果产能过剩这个结构性矛盾得不到解决，工业品价格就会持续下降，企业效益就不可能提升，经济增长也就难以持续。目前，我国相当多的产能是在世界经济增长黄金期面向外需以及国内高速增长阶段形成的，在应对国际金融危机冲击中一些产能又有所扩大，在国际市场增长放缓的情况下，仅仅依靠刺激国内需求难以解决产能过剩问题，这就相当于准备了两桌饭，就来了一桌客人，使劲吃也吃不完。这个问题不仅我们遇到了，其他国家也遇到了。认识供给侧结构性改革，说到底，就是要看到在当前全球经济和国内经济形势下，国民经济不可能通过短期刺激实现 V 型反弹，可能会经历一个 L 型增长阶段。致力于解决中长期经济问题，传统的凯恩斯主义药方有局限性，根本解决之道在于结构性改革，这是我们不得不采取的重大举措。

（4）推进供给侧结构性改革是适应和引领经济发展新常态的重大创新。中央经济工作会议提出，适应和引领经济发展新常态，推进供给侧结构性改革，要努力实现十个方面工作重点的转变。这就是：推动经济发展，要更加注重提高发展质量和效益；稳定经济增长，要更加注重供给侧结构性改革；实施宏观调控，要更加注重引导市场行为和社会心理预期；调整产业结构，要更加注重加减乘除并举；推进城镇化，要更加注重以人为核心；促进区域发展，要更加注重人口经济和资源环境空间均衡；保护生态环境，要更加注重促进形成绿色生产方式和消费方式；保障改善民生，要更加注重对特定人群特殊困难的精准帮扶；进行资源配置，要更加注重使市场在资源配置中起决定性作用；扩大对外开放，要更加注重推进高水平双向开放。

在工作实践中，各地区各部门都要以"十个更加注重"为标尺，对不上的事不能再干，对得上的事要加把劲干。比如，放水漫灌强刺激、盲目扩建新城区以及强化行政对资源配置的干预等事情不能再干了，投资没回报、产品没市场、环境没改善等项目不能再上了。相反，有利于引导社会心理、化解产能过剩、提升技术水平、加快人口城镇化、促进要素自由流动、提高扶贫精准度等事情要使劲地干，创造性地干，拙劲加巧劲地干，努力化大震为小震，积小胜为大胜。

(5) 推进供给侧结构性改革，正确把握宏观经济政策的总体思路。当前和今后一个时期，要在适度扩大总需求的同时，着力加强供给侧结构性改革，实施"五大政策支柱"，即宏观政策要稳、产业政策要准、微观政策要活、改革政策要实、社会政策要托底。这"五大政策支柱"的具体内容已经公布并得到各方面广泛认可，但如何更加准确地加以把握还需要进一步明确。"五大政策支柱"整体融合、有机结合、相互配合，旨在为推进供给侧结构性改革营造更好的环境和条件。宏观政策要稳，就是要为结构性改革营造稳定的宏观经济环境。要坚持积极的财政政策和稳健的货币政策，但重点和力度有所调整。积极的财政政策要加大力度，对企业实行减税，并用阶段性提高财政赤字率的办法弥补收支缺口。稳健的货币政策要灵活适度，主要体现在为结构性改革营造适宜的货币金融环境，降低融资成本，既要防止顺周期紧缩，也绝不要随便放水，而是针对金融市场的变化进行预调微调，保持流动性合理充裕和社会融资总量适度增长。

产业政策要准，就是要按照结构性改革的方向和要求，通过功能性的产业政策加以引导，而不是政府去确定具体项目，或选择把钱投向哪一家企业，具体的投资机会还要由企业家来摸索和把握。实践证明，市场的选择是最有效益的。现在成功的民营企业有哪一家是政府扶持的？都是在市场经济大潮中闯出来的。正所谓"有心栽花花不开，无意插柳柳成荫"。

微观政策要活，就是要把企业真正当作经济发展的主体，"放水养鱼"，让企业去创造有效供给和开拓消费市场。

改革政策要实，就是要一项一项出台、一项一项督导，让各项具体改革举措落地，促进供给侧结构性改革重大决策的落实。

社会政策要托底，就是要从思想、资金、物资等方面有充分准备，切实守住民生底线，为供给侧结构性改革提供更和谐稳定的社会环境。

2. 如何推进供给侧结构性改革

首先，供给侧结构性改革，其核心目标就是转变以往以投资需求为核心的经济增长方式。优化供给结构、提高有效供给能力，同时增加有效投资，积极探索各种类型的 PPP(Public-Private-Partnership)模式，做好重大基础设施的高效投资，加快提高户籍人口城镇化率，扩大消费需求。做到更为动态的"供需平衡"。通过资源合理配置，积极解决产能结构性过剩，淘汰落后产能；帮助企业降低成本，进一步减少阻碍经济主体活力的制度性因素以及政府对企业的不合理干预，发挥企业微观主体的能动性。供给侧结构性改革，离不开创新的重要作用。长期来看，要构筑创新驱动增长模式，通过发挥创新对拉动发展的效应，创造创业、创新的良好环境，实施"互联网+"行动计划，发展物联网技术和应用，提高教育支出密度、研发支出密度、人力资本投资密度、环保投资密度、经济地理密度、基础设施密度等。此外，通过对外开放增强全球配置资源能力，深度融入全球产业链、价值链、物流链。构筑以创新为核心的新的经济发展模式，做到经济总量与经济质量的双重增长。供给侧结构性改革，要以提高经济发展质量为指导思想，避免各类发展风险。通过以"十三五"规划为核心的宏观调控体系，有计划、多维度地避免金融风险、生态风险、环境风险、能源风险、资源风险等一系列发展过程中的风险。一方面避免走上资本主义经济危机的"老路"；另一方面避免走上资本主义"黑色"发展的"旧路"。

其次，实施"五大政策支柱"。

一是稳定的宏观政策，为结构性改革营造稳定的货币金融环境。进一步实施减税政策，减少企业负担，构建新的地方财税体系，适当扩大地方财税来源。进一步推进稳健货币政策的同时，加入更多灵活性。

二是精准的产业政策，准确定位结构性改革方向。从供给侧出发，精确的产业政策进一步优化供给结构。推动农业现代化，加强以现代农业为核心的新农村建设；进一步推行以技术进步与创新为主的高端制造业的发展，发挥我国资本积累与人才积累的双重优势，淘汰落后产能，完善产业结构，加快制造业强国建设；推动服务业，特别是以金融服务业与制造服务业为代表的高端服务业发展，做到与工业体系的有机融合。

三是灵活的微观政策，完善市场环境、激发企业活力和消费者潜力。进一步深化改革，消除阻碍经济发展的制度性因素，发挥市场的主导作用，为市场主体营造更为宽松的经营环境与投资环境，提高市场与企业的信心。对于国有企业，进一步加快体制改革，提高国有企业资源配置效率，发挥主导作用；对于民营经济来说，进一步消除制度性壁垒，发挥民营经济在技术与资金方面的优势，创造有效供给，提高供给质量，扩大消费需求。

四是落实改革政策，加大力度推动改革落地。在做好全国统筹的基础上，充分调动地方积极性，在不同的地区出台适宜本地区发展的政策，充分考虑地方差异性。重点要强调政策的实施效果，在改革中不断做出调整，敢于啃硬骨头、敢于涉险滩，从政策层面与落实层面不断完善供给侧结构性改革。引入第三方评价监督机制，以更为科学的方法评价改革实施情况。

五是服务质量托底社会政策，守住民生底线。提高供给质量，一方面，继续提高人力资本水平，这就要求提高各级各类教育素质；另一方面，扩大消费需求，这就需要提高包括减贫制度在内的一系列的社会保障机制。总体而言，必须要做好社会政策的托底工作，保障居民基本公共服务，从民生建设出发，进一步发挥供给侧结构性改革的效果。

3. "新常态"下供给侧改革的路径

从供给侧看，经济增长取决于长期潜在增长率，也就是资本、劳动力和技术进步。因此，在优化劳动力配置、优化土地和资源配置的基础上，提高全要素生产率，落实各项改革措施，全面提高供给体系的质量和效率，是适应和引领经济发展新常态的重要创新，是适应国际金融危机发生后综合国力竞争新优势的主动选择，也是适应我国经济发展新常态的必然要求。

1) 优化劳动力配置

(1) 改革户籍制度和住房制度。户籍制度改革是劳动力要素改革的重中之重，其目的在于促进劳动力要素的跨地区流动。"十三五"规划建议明确提出户籍人口城镇化率加快提高。中国城镇化率质量不高主要体现在户籍人口城镇化率不高。城镇现在约有 7.5 亿常住人口，其中 2.5 亿左右的人没能在城镇落户，2.7 亿农民工，买房比例仅 1%。当前三、四线城市地产库存居高不下，户籍制度改革和住房制度改革双管齐下，不仅有助于提供有效供给、加快城镇化进程，也将创造需求、消化地产库存和过剩产能。

国家统计局数据显示，2015 年年末，商品房待售面积为 71835 万平方米，2016 年 2 月商品房待售面积增加至 73931 万平方米，达到历史最高点。而后连续四个月库存降低，累计去化库存总数达到 2515 万平方米。在财税、金融等政策刺激下，房地产开发投资增速在连续 23 个月下滑后，今年 1 月份开始有所回升。

2016 在上半年楼市去库存压力不减的背景下，"地王"的身影有增无减。第三方机构数据显示，2016 年上半年，全国主要城市出让单宗土地金额超过 10 亿的地块合计 219 宗，其中溢价率超过 100%的地块达到了 109 宗，溢价率超过 50%的地块更是多达 167 宗。

自 2015 年 12 月中央经济工作会议将房地产去库存纳入今年工作重点，至今半年有余，楼市去库存交出"中考"答卷。梳理各地经验表明，只有积极适应经济发展新常态，坚定不移地推进供给侧结构性改革，着力改善产品端供给，才能真正确保楼市去库存，防止房地产泡沫的滋长。

今年上半年，合肥、南京等热点城市楼市库存不足 300 万平方米，消化周期已小于 3 个月，而沈阳、大连、烟台等城市库存也有所回落，但总量依然处于高位。供应结构与需求不匹配成为造成库存大量积压的主要原因，特别是商业用房等非住宅类产品库存呈现数量大，消化慢的特征。

根据国家统计局公布的 5 月份全国 70 个大中城市住宅销售价格变动情况显示，合肥市新建商品住宅价格指数领涨全国，5 月份合肥市环比上涨 5.1%，仅次于厦门环比涨幅，同比则上涨了 23.3%。而在 4 月份，合肥市新建商品住宅价格环比上涨了

5.8%，涨幅全国第一。根据第三方机构 5 月份监测数据计算，合肥住宅库存消化周期仅剩 2 个月。

与省会形成鲜明对比，在 6 月份安徽省政府办公厅印发的《关于去库存促进房地产市场稳定发展的实施意见》中，将全省目标明确为用 3 年左右时间，去化商品房库存 2500 万平方米。

对此，中国房地产协会副秘书长胡安东表示，房地产在快速发展的同时，长期积累的问题和矛盾在日益显现，城市分化严重成首要突出问题。

胡安东认为，库存问题不能一概而论，除了部分二线城市和三四线城市库存量过大，变成了城市"负资产"外，一些一线城市写字楼、商业地产、城市综合体库存也尤为严重。在政策供给上，应该分类分区域施策，避免一刀切。

一方面，对所在城市未来人口和住宅需求进行科学测算，按照待建、在建、已建待售分类，摸清各业态库存的成因和底数。二从供给侧营造有利于企业的发展环境。三是加快三四线城市基础设施建设，促进产业发展和配套服务，结合大城市人口疏解计划，在产业搬迁过程中实现人口的迁移居住，逐步盘活库存。四是根据目前保障性住房闲置的情况，部分二线城市和绝大部分三四线城市不再建，加大保障性住房的货币化安置力度，将城中村、城郊村纳入棚户区改造范围。

2016 年上半年，山西、内蒙古、广西、海南、福建、安徽等 16 省出台不同力度去库存配套政策，33 个市一级政府也出台地方去库存政策。

2016 年初，房地产行业顾问周亮作向开发商提出几项建议。首先降低门槛，做分期首付。第二，节约成本，控制房价。第三，在产品设计上，以三居室户型为主，适当创造 2+1 户型和 2+2 户型，满足业主未来十年的人口增长需求。第四，扶持就业，缓解压力。在开发商物业管理等部门聘用买房业主工作，保证来自农村的业主能够有稳定的收入和持续还贷能力。第五，帮开发商积极联系推动与北京大学合作，为县城经济招商引资，解决当地就业，提高农民收入，从根本上解决新市民城镇化后的收入问题。2016 年 2 月开始，此前蓄客两年销售情况仍然不佳的房子在一个月时间内被预订一空。

胡安东表示，在需求端积极引导有意愿、有支付能力的农民到中小城市买房，全国 2.7 亿农民工将成为新市民。但在解决这类人群购房需求时，有两方面问题值得注意。首先要简化收入证明和担保手续，切实解决农民购房贷款准入难、条件高、费用多、办理慢等问题。其次要通过解决交通、户籍、居住证、子女教育等途径，为新市民买房解决后顾之忧，让他们进得来、留得住、安下心、有发展。

(2) 全面发展现代服务业。服务业是未来中国经济和社会的双重稳定器，产能过剩意味着制造业部门就业承压，而服务业可吸纳就业，因而创造条件、促成劳动力的跨部门流动，也将是未来劳动力要素改革的重要方向。根据统计局数据，第三产业每增长 1 个百分点能创造约 100 万个就业岗位，比工业多 50 万左右。而考察企业就业状况，2007 年以来，服务业 PMI 就业指标在绝大多数时期高于制造业 PMI 就业指标，这意味着服务业就业状况好于制造业，将成为未来主要的就业容纳器。应通过放开市场准入、减轻税负等结构性改革措施，鼓励服务业特别是现代服务业大发展。

(3) 促扶贫重教育，提升人力资本。"十三五"规划建议明确提出，要在现行标准下农村贫困人口实现脱贫、贫困县全部摘帽、解决区域性整体贫困。通过贫困人口脱贫，加大教育投入力度，从而在人口红利逐渐消失的情况下，通过提高劳动力的整体素质，创造新的"人口红利"。

2) 优化土地和资源配置

(1) 改革土地制度，加速确权流转。土地制度改革的核心方向是提高土地的使用效率。农村土地流转应以确权为基础，以放活经营权流转为目的，从而提升土地要素的流动性。同时，放活农村土地经营权流转意味着未来廉价的农村土地用地供给瓶颈将打开，也有助于抑制地产泡沫、加速地产去库存。

(2) 降低成本，改善资本回报。资本要素改革的方向之一是提高资本回报率，因而高成本是供给侧的最致命硬伤。以工业企业为例，2014 年底规模以上工业企业主营业务收入中，主营业务成本占比高达 86%，各种税费占比 9%，主营利润占比仅 5%。持续收缩的需求叠加高企的成本、费用，令企业盈利雪上加霜。供给侧结构性改革可从四个方面降低企业成本：一是继续推进资源品价格改革，降低企业原材料成本；二是实施减税降费和加速折旧，降低企业财税成本；三是推进利率市场化，结合降息降低企业财务成本；四是实施养老保险体系改革，降低企业人力成本。

(3) 淘汰落后产能，提升资本效率。2011 年以来，中国工业企业产能利用率持续下滑，企业盈利也同步恶化，尤其是国有企业，以最高的资产负债率和最低的资产周转率、最低的主营收入利润率，实现了收入、利润的最大幅下滑，反映我国企业资本使用效率低下。未来企业盈利有望随淘汰落后产能、产能利用率回升而得到改善。分类推进国有企业改革、强化国有资本的保值增值，促进传统产业转型升级，淘汰劣质企业，是供给侧改革的重要方向。

3) 提升全要素生产率

(1) 改革融资体制，提升创新意愿。全要素生产率的提高首先有赖于创新意愿的提升，而股权市场天然提供了鼓励创新的激励机制。而以创新著称的美国，也正是依靠资本市场哺育创新。值得注意的是，"四个歼灭战"中，习总书记对建设股票市场的论述最为详尽：要防范化解金融风险，加快形成融资功能完备、基础制度扎实、市场监管有效、投资者权益得到充分保护的股票市场。这意味着，提高金融服务实体经济效率，培育公开透明、健康发展的资本市场，推进股票发行交易制度改革，提高直接融资比重，降低杠杆率，将是未来改革的重点方向。

(2) 鼓励两众两创，提升成果转化。《国务院关于大力推进大众创业万众创新若干政策措施的意见》明确指出，推进大众创业、万众创新，是发展的动力之源，也是富民之道、公平之计、强国之策，对于推动经济结构调整、打造发展新引擎、增强发展新动力、走创新驱动发展道路具有重要意义，是稳增长、扩就业、激发亿万群众智慧和创造力，促进社会纵向流动、公平正义的重大举措。鼓励创新、提升成果转化有以下几点：推进产学研结合，从而提高创新成果工业转化率；为创业企业提供更为便利的资金支持，譬如私募股权和创业投资；实施针对创新型企业的税收优惠和费用减免，譬如研发费用抵税等，充分发挥小企业在创新和创业方面的关键作用。

4) 政府自身落实"供给侧改革"

(1) 发挥市场的决定性作用。经济体制改革的核心问题是处理好政府和市场的关系，使市场在资源配置中起决定性作用和更好发挥政府作用。要厘清政府与市场的边界，进一步增强市场意识、培育市场主体、完善市场体系、优化市场环境、运用市场办法，协调运用"两只手"的力量，推动经济更有效率、更加公平、更可持续发展。

(2) 营造经济发展的良好环境。通过相关法律法规的制定和完善，加快形成统一开放、竞争有序的市场体系，建立公平竞争保障机制，打破地域分割和行业垄断，推进跨地区、行业兼并重组，更好地激发经济活力和创造力；发挥知识产权制度激励和保护创新的功能，明确国外与国内、单位与单位、单位与个人、个人与个人之间的权利归属，进而实现创新成果收益的独享、分享和共享，达到合理配置创新要素、有效利用创新资源、充分调动创新参与各方积极性的目的；限制政府对企业经营决策的干预，进一步减少行政审批事项，清理和规范涉企行政事业性收费，减少企业发展的制度性障碍。

(3) 健全有利于结构优化的财税体制。财政税收是促进经济结构调整的有力杠杆和重要工具。在财政支出方面，今后应更多地用于就业、社会保障、教育、医疗卫生、科研、农村基础设施建设等公共服务领域。税费方面，应努力减轻私人部门税费负担，保证税负公平，优化税种结构，提高经济效益。对国家鼓励发展的产业，要继续实施更加有力的税收扶持政策。要理顺中央地方财政关系，在合理划分中央与地方财政事权和支出责任的基础上，进一步理顺各级政府间收入分配关系，调动各方面推进经济结构调整的积极性，增强提供公共服务的能力。

4. 供给侧结构性改革的特征

供给侧结构性改革作为经济发展新常态下的调结构、转方式的战略决策，既是重大的理论认识问题，也是紧迫的改革实践问题，是新常态下解放和发展生产力、实现经济增长中高速、产业发展中高端的"双高"目标，它具有以下内涵特征：

(1) 体现了问题导向的思维模式。十八大以来我们国家始终坚持问题导向，解决改革发展中的一系列体制性和结构性问题。当前，矛盾和问题集中反映在工业领域的"四降一升"。症结在于在当前全球经济和国内经济形势条件下，长期粗放式增长导致的产能严重过剩，不是周期性而是结构性的。对于结构性问题简单采用需求管理方式，通过短期刺激抚平经济周期已无力回天，只有从供给侧发力，通过中长期的供给改善，恢复供需结构的平衡，才是解决问题的根本之策，是我国经济发展步入新常态必经的"关口"。

(2) 旨在增创经济发展的新动能。粗放式发展是在工业化的起步阶段，通过高投入、高增长、高消耗、低成本、低效益为代价，实现的传统产业高速增长，以扩张需求拉动生产供给，是典型的蒸汽机车一端牵引的传统动能模式。集约式发展是经济发展进入新常态后，通过创新驱动，提高全要素生产力，改善生产供给结构，适应和引领市场需求，实现中高速增长的发展方式，是变一端拉动为两端发力的新动能模式。特别是从源头性、基础性、生产性的供给端入手，创新生产要素组合，提高技术和人才的能力，用创新技术、创新人才、创新产品、创新服务来创造新需求，以有效供给倒逼转型升级，将成为增创有效供给的新动能。

(3) 遵循了市场规律的基本要求。马克思主义政治经济学的基本原理就是生产决定分配、交换和消费，但消费对生产具有重要的反作用，生产作为供给端，既决定消费又要适应消费。从这一意义上看，把改善供给结构作为经济转型升级的重点，是牢牢扭住了创新供给这个"牛鼻子"。实际上，西方的供给学派已经运用供给管理，解决市场需求方面并取得了积极成效，其核心观点是生产的增长决定于劳动力和资本等生产要素的供给和有效利用，主要有减税、放松管制、反过度福利等政策手段。可见在市场经济条件下，紧紧抓住生产供给这个源头，在宏观层面通过制度改革倒逼供给创新，更好的发挥政府作用；在微观层面通过市场竞争倒逼产品升级、扩大消费需求，更好地发挥市场配置资源的决定作用，已成为现代经济社会驾驭市场、调控运行的基本遵循，是实事求是、按照经济规律办事的体现。

(4) 突出了"三位一体"的实施方略。实施供给侧结构改革，必须是政府主导、市场决定、企业主体，三者缺一不可，共同作用于结构性改革。政府主导就是营造创新的政策环境，即宏观政策要稳、产业政策要准、微观政策要活、改革政策要实、社会政策要托底，从改革的总体思路和政策环境上引导推进改革进程。市场决定就是要发挥市场配置资源的决定性作用，取消政府对市场的不当干预，健全透明公开的市场规则，强化市场倒逼机制，提高生产能力和水平，促进供给结构升级，满足社会消费需求。企业主体就是根据市场需求和自身优势，企业自主选择进退，用竞争机制提高效益和质量，实现优胜劣汰，适者生存。这一方略体现了政府、市场、企业各自的功能定位，匡正了相互不可替代的改革角色，确保了战略实施中的良性互动。

四、供给侧结构性改革的影响和意义

1. 供给侧结构性改革影响

2008 年次贷危机以来的中国经济逐渐进入一个转折阶段，在这个转折阶段，需求疲乏、产能过剩成为常态。但是，需要特别重视的是，这只是表象，其根源则既是微观结构性的，也是制度性的。

就微观结构而言，随着人们收入的增加，对商品品质的需求也在增加。这种需求既包括对商品自身品质的关注，也包括对商品生产过程的关注——对其带来环境污染这些负外部性的日渐厌恶。一方面，供给未能适应需求的变化，因此造成产能过剩，事实上这个产能过剩是产能错误。另一方面，当政府开始关注经济快速但低质量的增长带来的负外部性和不可持续性时，政府即会限制投资的盲目增加，而这导致供给进一步过剩——投资减少导致现有产能无法消化；同时政府也会提高生产的环保成本，这就进一步导致供给上的困难。这表明，在新常态背景下，需要对供给结构进行调整，对资源错配的产能进行改革，强调创新驱动和产业结构升级，同时在需求上要力求培养稳定成熟与现在收入相称的居民消费。但是，要调整微观结构，必须先进行制度改革。扩大消费和增加有效供给并不那么容易，不再像以前那样借助宏观财政或者货币政策的操作就有立竿见影的影响。为什么人们不愿意消费？为什么企业缺乏长远眼光？为什么富人热衷移民和移出资本？对这些为什么，很多人没有深刻理解到其根源在于未来的不确定性，而这和制度环境有关。为什么未来的不确定性影响到需求和供给？答案是如果人们确信未来的发展方向，在消费上就会有底气，也更愿意创业创新。例如在欧美发达经济体，人们对自己退休后的养老金水平的稳定有信心，因此在生活中会放心地消费，不会刻意地去储蓄；当然，他们也愿意去做公益，或者做自己喜欢的事情。企业也充分了解政府政策，不需要行走在灰色地带，能获得足够的产权保护，因此会毫无后顾之忧地去创新和创业。与发达经济体相反，中国的经济改革始终处在变化之中，而变化的前景对个人而言并不明确。例如，在 20 世纪 80 年代，能够有 10 万元的存款可以确保一生无忧，然而这笔钱现在只是杯水车薪；在 20 世纪 90 年代初期，所有的人都认为全民所有的国营企业（现在的国有企业）是铁饭碗，但是在随后的国企改革中，国企员工不断下岗，持续走向了市场重新择业；进入 21 世纪之后，几乎所有偏爱稳定的人都认为公务员是最好的职业，当时公务员的退休养老计划要优于企业员工，但是现在二者并轨了，公务员岗位的吸引力也随之下降。这些例子比比皆是。在这种背景下，居民的消费是无法刺激起来的。人们无法确信社会给自己的保障是否靠谱，更愿意依靠自己对未来的规划。人们熟知十鸟在林不如一鸟在手的道理，从而收入不足的居民就不得不设法储蓄更多，而如果人们能拥有远比普通人更多的资产时，则干脆选择移民国外。类似地，在发达经济体，居民可能选择终身还款模式的贷款购房计划，而在中国更倾向选择一次性付款购房；即使不得不选择分期付款，也会尽量缩短还款期。同样是在这种背景下，供给也大受影响。人们不会积极投身创新和创业，这是因为创新和创业的回报要延后到未来很长的时期里，而在这段时期政策在不断调整且无规律可循。人们倾向于作出急功近利的选择，经济行为方式倾向于短期化，以至于金融市场投机性高，而实业领域所需资金相对欠缺。总之，不是人们不愿意消费、创新和创业，而是在面临未知的未来时不敢作出这些选择。

因此，供给侧结构性改革成功的关键在于勾画一个清晰的、不可逆转的、可以预期的路径。对于这个改革，中央已经有很多说法，学术界也已展开了很多讨论。但是目前已知的观点只是提出了要实现的目标，却没有提出如何实现这些目标。而更重要的是，需要找到实现目标应遵循的路径。根据前面所进行的分析，这个路径应该是通过制度改革，让人们对未来抱有信心，有稳定的预期，从而减少急功近利的短期行为。在我国经济改革与发展的第一个三十年里，正是通过 20 世纪 80 年代的有计划的商品经济和 90 年代的社会主义市场经济建设，解放了生产力，推动了中国的经济增长。但是由于中国经济的体制改革已经进入深水区而裹足不前，人们对未来的变化方向感到茫然、信心不足，几乎所有的人都处于焦虑之中，所以才有消费不足、创新不足、创业不足的问题。因此，要进行供给侧结构性改革，必须对未来的经济社会发展方向作出清晰明确的勾画，并作出制度上的保证以示其不可逆转。如果说中国经济在第一个三十年的改革是释放人们致富的欲望，那么未来新的改革方向就应该是释放人们创新创业的愿望。既然供给侧结构性改革能否成功的关键在于提升信心，那么其内容就应该是加倍重视市场化，在政府和市场之间确定一个清晰的界限，真正落实党的十八届三中全会的市场化改革举措。如果能够通过改革做到限制政府随意干预市场的权力，通过法规来规范市场行为，消费者、投资者和企业家会更有信心，更能预期未来。过去我们靠政府主动出击来招商引资，而未来需要靠稳定的可预期的利润前景来引导个人与企业创新与创业。如果人们对经济社会的未来抱有信心，对自己的未来境况有稳定的乐观预期，那么居民消费也可以持续地增加到合理的水平。换言之，上述供给侧结构性改革不只是会改善供给，也会持续影响需求。至于供给侧结构性改革的具体内容，有三个方面必须关注。

其一是重视教育，通过教育来持续积累人力资本。人口红利逐渐消失是中国需要进行供给侧结构性改革的背景之一。在中国人口结构逐渐老龄化、劳动力增长速度减缓、新生代员工劳动积极性减弱、劳动力成本不断攀升的同时，制造业劳动力的生产率并没有提高，这就从劳动供给和劳动成本的角度加剧了供给侧的困境，既降低了中国制造业的竞争力，也制约了产业结构的优化和升级。如果能够通过教育来提高劳动生产率，那么就可以形成人才红利，以填充人口红利的退场。从这点来说，党的十八届五中全会决定普及高中教育是非常有意义的战略举措，可惜很多人没有认识到这一点。

其二是要提高增长质量，通过提升产品质量标准来促进企业淘汰落后产能，对产业进行升级。高质量是与高成本相对应的，因此品质高的产品价格也必然提高，这是进入中等收入之后的消费者为了获得更高品质的产品而愿意承受也能够承受的。这样一来，就有更多在欧美日发达国家抢购产品的国内消费者回流国内市场。另外一方面，提高质量标准也能利用过剩产能。例如，如果房屋建筑中所用钢材标准提高，那就会增加对钢材的使用量。

其三是正确处理制造业和服务业的关系，不能片面地强调服务业比重。如果经济是 100 的话，那么制造业是其中的 1，而服务业是后面的零。如果没有制造业作为后盾，有再多的服务业都是虚的。发达国家之所以服务业比重高，是因为它们把制造业尤其是低端制造业转向发展中国家。对中国来说，制造业无法转移出去，仍需重视，但是应该升级。对于供给侧结构性改革，最后一定要认识到，供给侧结构性改革不可能做到毕其功于一役，它是一个长期结构改革过程，绝不能寄希望于短期见效。这和刺激需求不同，刺激需求可以动用宏观经济政策进行，可以立竿见影，但是也具有很大的持续影响，甚至是负面影响，类似于饮鸩止渴。例如我们在 2008 年次贷危机之后采取的政策虽然解决了短期困难，让中国经济在世界上一枝独秀，但是也带来持续至今的副作用。这样预示着，目前新常态下的经济困难是短暂的，中国经济必然会凤凰涅槃、浴火重生。供给侧结构性改革必然打造一个高质量的可持续的全新中国经济。

2. 我国推进供给侧结构性改革的意义

首先，供给侧结构性改革是适应和引领经济新常态的必然要求。现阶段，以结构性产能过剩为特征的"供给失灵"是经济新常态的典型特征。"十二五"以来，经济增速显著下降，表面上的原因是"需求不足"，实际上是供给结构与市场需求脱节造成的"供给失灵"。一方面，以钢铁为代表的部分行业，产能严重过剩，资源配置效率低下；另一方面，居民的有效需求受供给侧制约不能得到满足，国内消费和国内生产之间的脱节现象日益明显。如果不能有效解决"供给失灵"的问题，单纯的"扩大内需"政策必然会加剧长期的结构性调整难度。

事实上，"十二五"时期供给侧的结构性变化表现比较突出，第三产业占 GDP 的比重从 2010 年的 44.2%上升到 2015 年前三季度的 51.6%，这也为经济新常态下供给侧结构性改革创造了有利条件，而如何做好供给侧结构性改革，也就成了主动适应经济新常态。

其次，供给侧结构性改革是助力需求端结构调整的必然要求。供给侧结构性改革的目标是化解过剩产能，提升有效供给能力，这都是相对于需求端而言的。因此，供给侧结构性改革不能脱离对需求端的认识，既不能忽视需求侧的现实需求，还要满足需求端的变化，更要通过创新引领主动调整供给端达到引领需求端的目标，形成"供需平衡"的理想状态。

总体来看，"十二五"时期，需求端的结构性变化远不及供给侧的变化。其中，资本形成总额占 GDP 的比重从 2010 年的 47.2%仅仅微弱地下降到 2014 年的 46.1%；居民消费需求占 GDP 的比重有所提高，从 2010 年的 35.9%上升到 2014 年的 37.7%；货物和服务净出口对经济增长的总体拉动作用非常有限。如果供给侧的改革不彻底，必然降低需求侧的结构性变化。当前突出存在的企业成本过高、库存过多的状况，正是"供需不平衡"造成的。如果不能有效清除，不仅会成为经济增长的制约因素，也必然影响就业增长和居民收入提高，进而影响居民消费对经济增长的贡献，制约了长期的需求端的结构性转型。

第三，供给侧结构性改革顺应了我国推进城镇化发展的客观要求。2014 年，我国的城镇化率已达到 54.77%，预计到 2030 年达到 70% 左右，这是我国经济结构性变化的根本推动力，也必将从供给侧和需求侧两个方面影响中国未来的经济增长。从供给侧来讲，城镇化的过程就是劳动供给结构发生转变的过程，伴随着劳动力在不同产业部门之间的重新配置；从需求端来看，快速的城镇化发展不仅在客观上产生规模巨大的投资需求，同时也因为城镇人口规模的持续扩大而推动居民消费对经济增长的拉动作用。在城镇化的推动下，我国经济结构变化将突出地体现为两个方面的长期变化：从需求端来看，居民消费占 GDP 的比重将不断上升，有望在 2030 年达到 60% 左右的水平(2014 年为 37.7%)，形成以消费为主要驱动力的增长模式；从供给侧来看，第三产业比重继续上升，预计在 2030 年达到 65%～70% 的水平，基本形成以服务业为主体的经济形态。如何在推进城镇化发展的过程中，形成以产业发展促人口转移。以需求提升促产业发展的良性互动，这不仅是一个人口学的问题，同时也将成为我国供给侧结构性改革的重中之重。

最后，大力推行供给侧结构性改革是转变经济增长方式的必然要求。从经济增长核算来讲，经济增长是资本积累(受储蓄率水平影响)、劳动力投入(包括劳动力的数量和质量)及全要素生产率增长共同作用的结果。从资本积累来看，我国从 2007 年以来长期维持了近 50% 的储蓄率，是世界上储蓄率最高的国家之一。可以预期，随着未来经济结构调整和人口老龄化趋势，储蓄率将会下降。然而，中国的总体储蓄率到 2030 年以前维持在 35% 以上的仍旧是大概率事件，从国际比较来看，仍旧是高储蓄率水平。因此，中国的资本形成占 GDP 的比重仍旧可以维持在较高的水平。从这个意义上讲，投资仍旧是未来中国经济增长的重要推动力。持续的高投资率必然提高资本产出比率(资本存量/GDP)。根据我们的估算，目前我国的资本产出比率从 2000 年的 2.0 上升到 2013 年的 3.8 左右，反映了中国经济在这一时期发展过程中出现的走向资本密集的特征。此外，该比率也反映了资本的效率，比率值越高，反映了资本的效率越低。因此，如何把高储蓄率转化为高增长率，关键在于投资的效率。

尽管投资在短期内看属于需求端，但是它对经济增长的长期影响属于供给侧，决定了一个国家经济增长的可持续性。从这个意义上讲，资本市场的效率决定了储蓄是否能够转化为有效投资，进而促进有效供给。从劳动力投入来看，人口老龄化也必将导致劳动力数量增长率的下降，甚至为负。从 2010 年起，中国进入人口红利下降期，"人口红利"已经消失。但是，从劳动力质量来看，我国的教育发展大大提高了劳动力的质量。2010—2014 年期间，大专以上文化程度人口占总人口的比例从 8.75% 提高至 11.01%，提高了 2.26 个百分点，高中(含中专)文化程度人口占总人口比重从 13.72%提高至 16.35%，提高了 2.63 个百分点，均明显超过了劳动年龄人口比例下降的幅度，显示了我国的劳动力市场正进入了"教育红利期"，"教育红利"大大抵消了"人口红利"下降的影响。然而，"教育红利"转化为"人力资本红利"是有条件的，这在很大程度上取决于提高新增资本的配置效率以及能否实现创新驱动型的增长模式，否则也将导致"教育红利"的浪费。此外，劳动就业从第一产业向第二产业和第三产业的部门转移也会带来劳动生产率的提升。

因此，从储蓄率水平和劳动力数量在未来的变动趋势来看，单纯的依靠资本投入规模和劳动力数量增加的增长模式无法维持目前的中高速增长态势，而在未来要维持中高速经济增长速度，必须立足于全要素生产率提高对经济增长的贡献率。一方面，它取决于要素的配置效率的提高，充分发挥"教育红利"的潜在优势，提升资本投入的效率；另一方面取决于技术进步和创新水平的不断提升，两方面均属于供给侧范畴。从这个意义上讲，供给侧改革的核心是提高资本市场的效率，为释放"教育红利"和劳动力配置率提供有利条件，进而提升全要素生产率对经济增长的贡献率，维持经济增长保持中高速的增长水平。

3. 确保供给侧结构性改革取得预期成效

推进供给侧结构性改革，必须加强和改善党对经济工作的领导，排除干扰，心无旁骛，牢牢把握住中国特色社会主义政治经济学的几个重大原则：

一是坚持解放和发展社会生产力。社会主义初级阶段的最根本任务就是解放和发展社会生产力，这是中国特色社会主义政治经济学的核心，任何束缚和阻碍社会生产力发展的言行都背离社会主义本质要求，必须坚决反对。要始终坚持以经济建设为中心不动摇，主动研究发展规律，不断推进科学发展，持续改善人民生活。

二是坚持社会主义市场经济改革方向。深化经济体制改革的主线，是让市场在资源配置中起决定性作用，这是生产力能否解放好、发展好以及供给侧结构性改革能否取得成效的重大原则性问题。对于政府作用，强调"更好发挥"，不是"更多发挥"，要集中精力抓好那些市场管不了或管不好的事情。

三是坚持调动各方面积极性。人是生产力中最活跃的因素，必须充分调动人的积极性，充分调动中央和地方两个积极性，这是改革开放以来的重要经验。当前，要注重调动企业家、创新人才、各级干部的积极性、主动性、创造性。为企业家营造宽松环境，用透明的法治环境稳定预期，给他们吃定心丸。要为创新人才建立完善激励机制，调动其积极性。对各级干部，要坚持激励和约束并举，既坚持党纪国法的"高压线"，也要重视正面激励，完善容错纠错机制，旗帜鲜明给那些呕心沥血做事、不谋私利的干部撑腰鼓劲。

思考题

1．如何正确认识新常态下中国经济的内涵的新变化？
2．如何理解供给侧结构性改革是我国经济发展的必然选择？
3．结合所学知识，谈谈我国推进供给侧结构性改革的意义。

第四讲　中国经济新动能——"互联网+"与"中国制造 2025"

云计算、物联网、大数据、移动互联网等新兴信息技术的飞速发展，引发了新一轮科技革命和产业变革。美国提出"再工业化"，德国提出工业 4.0 战略等，希望借助信息技术发展重新夺回制造业优势。我国为破解制造业发展存在的若干问题，迎接"双重挤压"的挑战，应对经济发展新常态，也提出了"互联网+"、"中国制造2025"等发展战略。在我国经济面临新旧动能切换之时，加快培育新动能成为大家关注的重点。中国制造只有和"互联网+"深度融合才有前景，才会实现新旧动能的转换。李克强总理就指出，"我们要进一步推动'中国制造 2025+互联网'，这是中国经济巨大的新动能所在。"在去年将"互联网+"、"中国制造 2025"首次写入政府工作报告后，今年的重点将是推进两者融合发展。融合发展的政策就是创建一批创新中心，政府要予以引导扶持，在加计扣除、科技引导资金等方面给予政策支持；并且加强国际创新合作，推动"中国制造 2025"与"德国工业 4.0"、韩国"制造业革新3.0"等策略的紧密合作。

一、"互联网+"时代

"互联网+"是创新 2.0 下的互联网发展的新业态，是知识社会创新 2.0 推动下的互联网形态演进及其催生的经济社会发展新形态。"互联网+"是互联网思维的进一步实践成果，推动经济形态不断地发生演变，从而带动社会经济实体的生命力，为改革、创新、发展提供广阔的网络平台。

通俗地说，"互联网+"就是"互联网+各个传统行业"，但这并不是简单的两者相加，而是利用信息通信技术以及互联网平台，让互联网与传统行业进行深度融合，创造新的发展生态。它代表一种新的社会形态，即充分发挥互联网在社会资源配置中的优化和集成作用，将互联网的创新成果深度融合于经济、社会各领域之中，提升全社会的创新力和生产力，形成更广泛的以互联网为基础设施和实现工具的经济发展新形态。2015 年 7 月 4 日，国务院印发《关于积极推进"互联网+"行动的指导意见》。

在此大背景下，我们将会迎来经济发展新形态的挑战。全球正处于以信息技术为核心的新一轮科技革命和产业变革中。机器人、数字化制造、3D 打印等技术的重大突破正在重构制造业技术体系；基于信息物理系统(Cyber-physical System，CPS)的智能工厂正在引领制造方式向智能化方向发展；云制造、网络众包、异地协同设计、大规模个性化定制、精准供应链、电子商务等网络协同制造模式正在重塑产业价值链体系，全球制造业孕育着制造技术体系、制造模式、产业形态和价值链的巨大变革，智能制造已初现端倪。受互联网影响已经正在改变的产业：媒体、商贸、金融、旅游、教育、医疗等。

(1) 软件技术面临体系性重构。软件正在主导硬件：软件定义数据中心、定义网络、定义设备、定义世界等。技术和应用模式的变化正在使传统软件和服务模式产生根本性变化，

(2) 云计算技术重新定义计算资源。计算是 IT 领域最核心最重大的变化趋势，它是宽带互联网普及和并行计算、分布式计算等技术不断发展演进和商业模式创新等因素共同形成的产物。中国已经从互联网时代进入引动互联时代。截至 2014 年 6 月中国网民规模达 6.32 亿，手机网民规模达 5.27 亿。中青年成为互联网的未来力量，手机成为第一大上网设备。

(3) 移动互联网实现了互联+时空自由。从简单的信息服务，到时间空间自由，再到时间和空间位置成为服务的一部分！

(4) 感知技术万物互联。传感器技术，能感受并检测信息，分类高达近百种。射频识别技术(RFID)是感知技术中最前端、最关键的技术。定位技术是传感器的重要支撑。"物联网"(Internet of Things)是继计算机、互联网与移动通信网之后的世界信息产业第三次浪潮。

(5) 数据处理技术大数据。全球新产生的数据年增长 40%，全球信息总量每两年就可以翻番，而对新增数据的处理能力以及其利用率的增长则不足 5%。未来将有90%的数字内容属于非结构化内容。2013 年前的人类信息量为 1.2 ZB，中国人均一本 500 页的书总量为 1 EB，Google 每小时处理的数据为 1 PB，美国国会图书馆印刷品为 1 TB。

(6) 应用技术智慧化。未来将出现智能工业、智能农业、智能交通、智能物流、智能电网、智能建筑、智能环境监测、数字医疗、数字家居、数字安全监控等技术。

新一代信息技术的大爆发开启新智慧时代。随着互联网的深入应用，使得人类对信息技术的认识和创造呈现出革命性的跃变。云计算、大数据、物联网、移动互联等新一代信息技术开始爆发，从而开启全新的智慧时代。智慧技术本身开始进入大生产阶段，其将无处不在。移动互联，是智慧的时空自由。移动互联的一个巨大的贡献就是实现智慧技术在时间和空间上的自由。网联网，是智慧的自由流淌。数字化大师尼庞葛洛·帝教授说："人们经常把物联网和下一代手机联系起来，大部分人认为自己已经融入物联网时代，其实是对物联网存在很大的误解。他们所理解的物联网诸如利

用手机与门或烤箱的连接，遥控开门，或者开启、关闭烤箱。我认为人们被误导了，或者说没完全入门。因为他们只知道用手机遥控开启某些设备或是把东西移来移去，而真正的入门者应该是利用物联网实现智慧的流淌。"智慧技术无处不在，其形成了海量的智慧尘埃。智慧尘埃既有时间上的维度，也有空间的维度，更有应用的维度，我们将会工作和生活在海量智慧尘埃中。大数据时代需要我们抓住智慧尘埃的价值骨髓。

"互联网+"将开启一个新时代。"互联网+"不仅仅是传统互联网的延伸，而是开启一个人物相连、物物相连的大连接世界。

二、"中国制造2025"

李克强总理在国务院常务会议上强调：中国制造今后要包含更多中国创造因素，更多依靠中国装备、依托中国品牌，推动中国制造由大变强。"中国制造 2025"的关键，是要立足现实，突出重点，把规划做细、做扎实。"所谓有所为、有所不为。只要在某些领域能完成突破，就能为未来打一个很好的基础，让中国制造'十年磨一剑'，十年上一个新台阶！"

1. 解析《中国制造2025》

《中国制造 2025》是什么，是着眼于国际国内的经济社会发展、产业变革的大趋势所制定的一个长期的战略性规划。其创新之处在于：通篇贯穿了应对新一轮科技革命和产业变革的内容，重点实施了制造业创新中心建设、智能制造、工业强基、绿色发展、高端装备创新五大工程。其是编制高端领域技术路线图的绿皮书。

一是应对全球新一轮科技革命和产业变革所需。各国都相继采取了相应措施来推进，中国政府在推进制造业的发展方面，也需要一个应对的蓝图。

二是金融危机后各国制造业发展都出现了一些新动向。比如说发达国家的再工业化取得实质性进展，新兴发展国家的产业调整步伐也在加快，中国作为第一制造大国，也需要有应对的措施，来提升自身产业的竞争力。

三是经过六十多年的快速发展，尤其是改革开放三十多年的发展，中国的制造业已经取得了巨大进步，在许多非常重要的领域已经具有了全球的竞争力。

《中国制造 2025》干什么？总体思路是坚持走中国特色新型工业化道路，以促进制造业创新发展为主题，以提质增效为中心，以加快新一代信息技术与制造业融合为主线，以推进智能制造为主攻方向，以满足经济社会发展和国防建设对重大技术装备需求为目标，强化工业基础能力，提高综合集成水平，完善多层次人才体系，促进产业转型升级，实现制造业由大变强的历史跨越。

《中国制造 2025》怎么干？应突出创新驱动发展战略，始终把创新作为核心竞争力。因为中国制造业的产能已经很大，220 多种产品的产量居世界第一位，有些产品的产量已经达到全球生产能力的 50%、60% 以上。所以，产能扩张不是主要目的，主要是创新、创新、再创新，缩短在高端领域与国际的差距。

一是实施国家制造业创新中心建设工程。我们需要建设一批产学研用相结合的制造业创新中心，不改变它原来的隶属关系，在现有的研究院所、大学和企业的基础上，以产业联盟的形式来承担制造业强国建设的核心任务，市场化的组建，阶段性地形成成果。

二是大力推进智能制造。智能制造是新一轮科技革命的核心，也是制造业数字化、网络化、智能化的主攻方向。通过智能制造可带动各个产业的数字化水平和智能化水平的提高。

三是工业强基工程。中国制造业落后，很大的一个原因是基础零部件、基础工艺、基础材料比较落后，因此我们要实施工业强基工程。

四是绿色发展工程。我国经济发展的最大制约是环境和资源，中国成为世界第一制造大国以后，发展的质量和效益已经成为中心任务。非常重要的就是要节约资源，保护环境。绿色发展在工业领域里有许多重要任务，因为工业占整个我们国家能源消耗的 73%，在节能减排降耗、提高资源利用率方面有巨大潜力和提升空间。

五是高端装备创新工程。有一些工程我们已经在做，比如说"核高基"、互联网、数控机床、大飞机等专项。我们还要推进一些新的专项来启动，以提高整个装备制造业的水平。

《中国制造 2025》有什么特色？它不是一般性行业发展规划：我们不把它作为一个常规性的行业规划，比如说"十三五"、"十四五"这样一个规划来看待。它是着眼于整个国际国内的经济社会发展、产业变革的大趋势所制定的一个长期的战略性规划。它不仅仅要推动传统制造业的转型升级和健康稳定发展，还要实现在应对新技术革命的发展中，实现高端化的跨越发展。与以往规划的不同点就体现在它的战略性、长期性，以及对新技术革命的应对措施，因此我们把它作为重点。

2. 《中国制造 2025》和德国工业 4.0 的比较

新一轮科技革命和产业变革的主要特征是信息技术与制造技术的深度融合。基于物联网的数据革命与能源、医疗、制造、交通、农业、媒体等相结合，会产生新的产品、新的业态、新的模式和新的技术，产生巨大产业影响力。比如说移动互联网、物联网、云计算、大数据、机器人等新一代信息技术已经渗透到经济社会发展的各方面，这一变革的趋势和核心就是制造业的数字化、网络化和智能化。在这一点上，《中国制造 2025》和德国工业 4.0 都是在新一轮科技革命和产业变革背景下针对制造业发展提出的重要战略举措。

德国制造业具有强大的技术基础，所以它直接实施工业 4.0，在两化融合、信息化推动"互联网+"等各方面具有优势，并且产业技术较好。中国是在工业 2.0、3.0 和 4.0 同时推动的情况下，既要实现传统产业转型升级，还要实现高端领域的跨越式发展，任务比德国实现工业 4.0 更加复杂、更加艰巨。

制造业是我国市场化程度很高的领域，是国民经济的重要支柱和基础，对国民经济发展起着十分重要的作用，是立国之本、兴国之器、强国之基。

要实现《中国制造 2025》确定的目标，落实各项任务和政策措施，需要动员各方面的力量共同来推进。工信部将会同有关部门，务实地推动制造业强国的建设，包括成立国家制造强国建设领导小组，制定"1+X"的实施方案和规划体系。同时扩大《中国制造 2025》在国内国际的影响，进一步形成广泛共识，形成合力，把改革的红利、内需的潜力、创新的活力和更高水平的开放合作叠加起来，共同推进制造强国的建设。

3.《中国制造 2025》的特征

第一，制造服务化。以云计算、数据融合处理与分析、远程监控与诊断等技术为支撑，拓展产品研发设计、工程总包、MRO(大型装备维修、维护与大修)、系统集成、物流、电子商务、租赁等服务，促进企业从产品生产销售向专业服务商、总包商、系统集成服务商、专业化公共服务商转型。

互联网实现了跨越时空的智能实时服务，企业服务拓展到产品的全生命周期。如三一重工网络服务型制造模式，其网络服务平台有：工程机械远程监控与维护平台、基于大数据挖掘的工况分析系统、智能手机 APP 自动服务系统。三一工程机械联网服务的应用大大提高了工作效率，维护成本显著降低，为企业新增利润累计超过 20 亿元(2009—2012 年)，服务成本降低了 60%，产品差异化程度提升，构筑了企业核心竞争力。

第二，制造个性化。互联网结合计算机智能、柔性制造，针对消费者个性化需求，实现定制产品的批量生产。利用多种互联网技术，创新设计生产模式，其特点为：海量数据、智能分析、柔性制造。在个性化的基础上实现批量化，有效控制成本。

第三，制造资源云端化。制造资源云端化即组织分散化、过程虚拟化、产品个性化、制造服务化。互联网竞争模式主要有：产业生态系统、平台战略、开源开放。

第四，制造过程智能化。在互联网、物联网、云计算、大数据等泛在信息的强力支持下，地不分东西南北、人不论男女老幼，实现泛在协同智能制造。

通过能源系统实现能耗数据的采集、分析、处理、在线监测等功能，中心数据站实时接收数据，通过统计计算完成能耗统计、管理、考核、测评、能耗审计和公示等工作。

离散行业的智能生产线是基于生产线上每台设备运行状况的自动数据采集，通过专家系统与故障树实现生产设备的故障预警功能，对状态信息进行数据挖掘分析，实现设备运动状态综合判断与预警，避免机器故障的产生，提高生产效率。

4. 我国制造业发展面临的问题

虽然我国已成为第一制造业大国，但仍面临着资源环境刚性约束加强、产品质量不高、创新能力和核心竞争力不足、产业结构不合理等问题。智能制造符合我国制造业的发展趋势，是破解我国制造业发展瓶颈的重要出路。

智能制造通过"机器换人"能够大幅度提升生产效率、提高产品质量、增强产品创新程度，有效应对由于我国制造业要素成本上升、人口红利消失带来的中低端产业向新兴发展中国家转移的挑战。

我国制造业发展对科技创新的要求：

(1) 亟需加强制造基础能力方面的科技创新。制造基础能力薄弱成为当前制约我国装备制造业的主要瓶颈，其中有很多基础研究、关键技术研究没有突破工艺装备、测试、标准化等，共性基础薄弱亟需科技攻关，以提升我国制造业的整体水平。

(2) 亟需加强制造业经营管理模式创新。我国制造类企业管理正处于由传统管理模式向现代化管理模式转变的阶段，经营目标、管理模式、管理理念和决策标准应发生根本性变化，但多数企业并没有从根本上改变"以产品为中心"的传统制造模式，无法适应互联网、云制造等模式下的多品种大批量定制化的要求。企业管理信息化、生产过程智能化、咨询服务网络化的水平制约着中国制造业的快速发展。

(3) 亟需加强新兴产业关键装备的研究。新兴产业所需的装备空白较大。光电子、光伏产业、新一代通信设备等发展所需的关键技术和核心技术的自给率较低，核心技术掌握仍较少，试验设计能力较欠缺，技术集成能力薄弱，制造装备进口依赖大，新兴产业发展所需要的关键装备自给不足。

智能制造＝工业互联网＋材料＋设计＋工艺。实现供需对接、动态资源配置、能源智能、虚拟制造、规模化定制、制品零库存、零空转能耗、零中断运维、零意外启机等。实现机器、车间、工厂、信息系统、劳动者乃至产业链价值链各环节的全面深度互联。打通端到端数据链，实现从单个企业到产品全生命周期，乃至整个社会生产制造活动的实时数据感知、传递、分析和处理，实现动态资源能源配置和智能化的决策。

智能制造以智能工厂为载体，以全面深度互联为基础，以互联网驱动的新产品、新模式、新常态为特征，在设计、供应、制造和服务各环节实现端到端无缝协作的智能工业生态系统。

研究个性化定制、创客与众包设计、敏捷生产、制造服务等先进的互联网制造模式；开发产品创意创新设计、云服务、工业大数据决策支持平台；在制造业信息化科技工程的基础上，开展应用试点示范，促进制造业务模式、企业协同方式创新，增强产业链整体竞争力，改造提升传统制造业，促进新兴产业的发展。

核心关键技术：研究 IP 化工业网络技术、现场监控、信息物理融合技术、工业过程信息安全与防护技术等。智能系统集成设备：研究信息实时采集、工业网络设备、过程监控设备、安全保障与防护设备等。构建智能化车间/工厂：在钢铁、石化、冶金等行业构建高度智能化工厂示范，降低生产过程能源消耗、排放，在航空航天、工程机械行业构建智能车间，提高生产产品个性化响应能力，提高产品质量。

技术攻关：开展机器人应用技术、产业瓶颈技术及下一代机器人核心技术研究。机器人产品研制：研发具有自主知识产权的工业机器人、特种机器人及服务机器人产品及关键零部件。批量化应用：在汽车、民爆、制药、电子、食品等典型行业，结合其他智能装备开展机器换人应用，构建智能生产线，提高产品质量和效率，改造传统产业。

智能机床：在原机床基础上实现从高性能化向智能化升级发展，研究智能数控系统，自学习自适应监测优化运行、智能工艺规划、CPS 网络通信标准等关键技术和应用。新一代柔性电子制造装备：面向穿戴式电子等新兴产业，研究开发柔性电子制造关键技术、重大装备制造，系统集成、示范应用等。新一代机械产品创新应用示范工程：在"数控一代"基础上围绕纺织、轻工、印刷等重点传统产业，开发一批成套装备与生产线，实现机械产品从数字化向智能化转型升级。

核心关键技术：研究专用材料、工艺规律与控制、分析检测与质量控制、多材料复合制造等技术。3D 打印装备：高温合金、高强度塑料、复合材料、低成本普及型等 3D 打印整机，攻克关键零部件及专业软件。示范应用：重点开展航空航天关键结构件直接制造、医疗个性化定制、创客众包等创意设计的示范应用。

与材料领域协同攻关，突破一批高端基础部件与基础工艺；研制一批高端传感器、仪器仪表；建成一批面向基础部件的测试验证平台，形成基础数据库；研发平台软件和核心知识库系统；研究安全体系、安全保障核心技术、安防设备与产品；研究共性技术、关键产品、软件接口、安全保障标准规范。

5. "十三五"对《中国制造 2025》规划

(1) 总体思路。强化制造业核心基础能力，构建企业业务系统及创新应用模式，推进制造过程向智能化、绿色化、服务化发展，提升装备制造水平。

经过五年的努力，我国先进制造领域关键技术取得重大突破，在一些重点领域掌握一批具有自主知识产权的核心技术和关键技术，显著增强我国先进制造技术基础能力、创新能力和集成能力。制造业与互联网技术的深度融合，制造企业模式转型；支持重大装备制造业，打牢基础；密切关注新兴产业所需的新设备，尽量保持与世界同步。

(2) 重点任务。制造资源数字化管控、智能工厂、全生命周期制造服务、智能机器人、3D 打印、激光制造、高端成套装备、制造基础技术与关键部件、绿色制造等。

三、 "互联网+"与"中国制造 2025"相互融合将是我国经济发展新动能

当前，以互联网与工业的融合发展为切入点，新一代信息技术正在全球范围内驱

动新一轮产业变革，成为全球经济的新增长点，并将重构国际竞争格局。我国工业发展正处于加快转型升级、走新型工业化道路的历史关口，发挥互联网优势、推动工业互联网发展，是把握新产业变革契机、引领中国经济新航向的重要途径。

1. 工业互联网托起"中国制造 2025"

在第十二届全国人民代表大会第三次会议开幕会上，李克强总理在政府工作报告的"新兴产业和新兴业态是竞争高地"的部分提到："制定'互联网+'行动计划，推动移动互联网、云计算、大数据、物联网等与现代制造业结合，促进电子商务、工业互联网和互联网金融健康发展，引导互联网企业拓展国际市场。国家已设立 400 亿元新兴产业创业投资引导基金，要整合筹措更多资金，为产业创新加油助力。"

目前，"互联网+"行动计划已明确写入政府工作报告。这一理念强调创新与融合，将互联网创新成果融入经济生活各个领域。中国制造 2025 所期待达到的目标，就是要通过智能制造和智能化工厂来实现企业内部的智能化，通过工业互联网推动万物互联，推动制造业走向开放。

"中国制造 2025 战略"已经提出，如果说自动化是第三次工业革命的标志，那么第四次工业革命，或者说"中国制造 2025"的目标，就是期望通过智能制造和智能化工厂来实现企业内部的智能化。而这个过程也正是通过工业互联网推动万物互联，推动制造业走向开放的过程。

工业互联网在智能制造中处于核心地位，起到重要作用。智能制造是信息化与工业化深度融合的方向和突破口。这需要供需对接、资源动态配置、能源的智能、虚拟资源最大化等。德国的"工业 4.0"、美国的"工业互联网"与中国的"制造 2025"，首先都要实现整个数据链和工业数据在整个生产线，在机器、车间、工厂、信息系统、劳动者、产业链、价值链等环节全面、生动、动态地流动。

透视德美工业互联网发展战略。德国工业 4.0 核心是"信息物理系统"。德国正在通过"信息物理系统"竭力阻止信息技术的侵入，因为这些会干扰其在制造业的支配地位。德国希望通过这套系统从下而上快速的的侵占制造业，直至占领顶端的信息和数据系统，从而实现"智能工厂"。具体手段就是通过传感网紧密连接外界现实世界，将网络的高级计算能力有效运用于现实世界中。其打算将设计、开发、生产等所有流程的数据通过传感器采集并进行分析，形成可自律操作的智能生产系统。

德国正在不断的升级"信息物理系统"，使它成为具备"独立思考能力"的"智能工厂"，让生产设备因信息物理系统而获得智能。

美国"工业互联网"将万物连接。美国"工业互联网"将智能设备、人和数据连接起来，并以智能的方式利用这些交换的数据。在"美国通用电气"的倡导下，AT&T、思科 Cisco、通用电气 GE、IBM、英特尔 Intel 等企业在美国波士顿宣布成立了工业互联网联盟 IIC，以期打破技术壁垒，促进物理世界和数字世界的融合。

另外，工厂将通过互联网实现内外服务的网络化，向着互联工厂的趋势发展。随之而来，采集并分析生产车间的各种信息，向消费者反馈，将从工厂采集的信息作为大数据通过解析，能够开拓更多的、新的商业机会。对硬件从车间采集的海量数据进行处理，也将在很大程度上决定服务、解决方案的价值。

2. 工业互联网引领中国经济新航向

我国工业互联网发展任重道远。经过两化融合试点示范等探索，我国制造业信息化水平已快速提高，在此基础上把智能制造抓在手里，是解决我国制造业由大变强的根本路径。

据统计，2014 年我国规模以上制造业企业，数字化研发设计工具普及率已达54%，近 5 年年均增长 4 个百分点；关键工序数控化率达到 30%，近 5 年年均增长 4 个百分点。但与发达国家相比，我国智能制造方面的差距依旧很大。目前，我国高端传感器、智能仪器仪表、高档数控系统、工业应用软件等市场份额不到 5%。

工业互联网发展要解决三个基本问题。首先，在工业领域设备的需求多种多样，所有设备都要基于网络连接才能发挥功效，因此如何让工业设备上网就成了关键问题。其次，是解决安全上网的难题。要求合理利用一些公共资源来使工业网络有安全传输的保障。最后，是如何上得起网的问题。现阶段工业设备上网成本很高，在中国推广普及具有很大的难度。此外，工业互联网和传统商业领域的通信模式不一样，把工业互联网的局域网延伸到广域互联网上，也会面临一连串的设备互联互通问题。但是，经过几年的努力和研发，已经在这些问题上取得了突破性进展，为推广工业互联网打下了坚实基础。

现阶段的具体措施有以下几个：

(1) 顺应趋势，抓住工业互联网机遇。我国应把握当前工业互联网发展的关键时点与历史机遇，瞄准关键领域和重点方向，发挥国内市场优势，积极培育新模式新业态，强化应用创新，逐步实现我国工业面向网络化与智能化的整体突破。

(2) 鼓励工业互联网应用，加大对重点领域应用的政策扶持力度。突破信息获取和感知识别技术瓶颈，推动物联网、大数据技术在能源、原材料、装备等行业的应用。鼓励汽车、装备、钢铁等信息化程度较高的企业构建智能制造系统，为工业互联网发展提供原动力。在消费品领域组织推广规模化个性定制、移动社交营销、用户交互平台等模式。对于互联网深入渗透工业领域有重大意义的项目，通过多种扶持政策，加快促进工业互联网发展。

(3) 引导相关服务企业转型发展，提高跨界综合服务能力。鼓励消费型互联网企业抓住互联网与工业融合发展的机遇，充分了解工业企业需求，积极拓展工业互联网业务，从消费性服务向生产性服务拓展。对于工业软件与 IT 服务企业，在鼓励企业自身互联网化转型的同时加强产业链条纵向整合，提高软硬件、网络、平台、应用、流程的综合集成能力，为工业企业提供基于互联网的高端综合集成服务，形成工业互联网解决方案的专业服务队伍。

(4) 努力突破阻碍工业互联网发展的各类壁垒，让工业互联网发展驶上快车道。弥合互联网与工业行业理念、制度、技术和市场方面的分隔，在多个层面实现互联网与工业行业的充分对接，协力推进工业互联网发展，搭建常态化的企业交流互动和业务宣传推广平台，形成工业互联网领域知识资源的共享和互补。通过跨部门、跨行业管理机制，加快完善标准体系。集中国家力量突破核心技术的阻碍，强化关键设备和重要系统的安全可控性。

(5) 完善工业互联网发展的推进机制，形成协力推进的发展环境。工业互联网发展是涉及多领域、多行业、多主体的系统工程，需要通过试点示范、建立多方合作机制等方式，摸索经验，协同推进。首先需要建立良好的工作机制，在行业、企业层面上深入推进工业互联网发展，及时总结试点经验并推广；其次是建立多方参与的协同机制，加强工业行业、信息化和互联网管理部门的协同；最后，建立工业互联网供需双方的沟通与对接机制，创造更多的平台和交流机会，加强社会公众与产业界的互动。

四、"互联网+"与"中国制造 2025"对中国未来的影响

"互联网+"与"中国制造 2025"的提出，不仅让企业面临着产业升级的机会，很多传统企业的商业模式也将被颠覆。转型升级的不应该仅仅是产业和技术，还包括商业模式。将对中国实体经济起到强力的提振效应，特别是目前实体经济下行的情况下，"互联网+"与"中国制造 2025"规划的出台将对实体经济起到立竿见影的推动。

随着互联网的不断发展，人们翘首期待中国制造与互联网加速融合，为中国产品走向世界打造"新经济"、"新动能"。客观来讲，中国制造业长期处于全球制造产业价值链的低端环节。要从目前的"2.0"进入"4.0"跳跃式"升级版"，面临着产品附加值低、高端人才缺乏、技术研发创新投入短缺、知识产权保护、制造体系模式创新等诸多问题或挑战。

"互联网+"与"中国制造 2025"的融合到底会对我国产生怎样的影响？这是 2016 年两会给中国制造业提出的一道重大课题。IMF 预测，2016 年和 2017 年全球经济增速分别为 3.2%、3.5%。2016 年 2 月全球制造业 PMI 为 50%，较上月环比回落 0.9 个百分点，而中国制造业的生产和订单均下滑，PMI 加速下滑至 49.0%。

鉴于此，落实"中国制造 2025"，须看清中国制造业转型升级所依赖的外部环境变化的大趋势，研究中国国情，遵循制造业发展规律，有序推进实施中国的制造强国战略。丢弃中国制造"山寨"式思维方式，以更具前瞻性的管理理念和"走出去"的全球战略眼光，夯实基础，重塑"中国制造"内核，找到"中国制造"的破局之道。

中国制造业故步自封、沿袭原来制造模式，必然加剧"产能过剩"，而生搬硬套

"德国工业 4.0"模式，也肯定遭遇到水土不服问题。制造企业也应主动面向市场，挖掘高端化制造潜在需求，加大科技投入，加强与高等院校和科研院所、智库之间战略协同，产业链一体化协作，探索适合中国国情的"智能制造新模式"。我们相信，"互联网+"与"中国制造 2025"的到来一定会为中国制造业带来不一样的精彩。

制造业是国民经济的主体，有"立国之本、兴国之器、强国之基"之称。建设制造业强国，核心是创新，根本是人才。作为人才培养的摇篮和科技研发的高地，高校师生责无旁贷、大有可为，理当成为实现"互联网+"与"中国制造 2025"宏伟蓝图的强力推进器。

高校要"以人为本"，成为"互联网+"与"中国制造 2025"的"人才库"。当前，我国制造业结构矛盾突出，且人才资源总量不足，高科技研发领军人才、高水平工程师和一线实务型技能人才存在较大缺口，远不能满足"互联网+"与"中国制造 2025"的人才需求。高校要按照"互联网+"与"中国制造 2025"对人才知识、能力、素质所提出的新要求，及时改进、完善培养方案，积极推进教育教学改革，深入开展对研究型人才、技术创新型人才、专门技术型人才和具有多学科视野及"大制造"人才培养的多样化探索，将大数据、物联网、"互联网+"、智能制造等新兴内容贯穿人才培养全过程。同时，要大力建设协同育人机制，建立由政府、企业、高校、社会共同参与的制造业"全链条"人才培养体系，实现人才培养和人才选用的无缝对接。

高校要"产学研用"相结合，成为"互联网+"与"中国制造 2025"的"孵化器"。高校科研成果的转化度与"中国制造 2025"的建设度息息相关。当下高校每年都产生大量高新技术成果，但真正能够转化为生产力的还不到 10%。只有深化"产学研用"相结合，大力提高科技成果转化能力和转化率，高校才能真正成为"互联网+"与"中国制造 2025"的"孵化器"。

思考题

1. 怎样理解"互联网+"与"中国制造 2025"将成为中国经济增长的新动能？

2. "互联网+"与"中国制造 2025"对大学生学习和工作将会产生怎样的影响创？

3. 结合所学知识，谈谈"互联网+"与"中国制造 2025"相互融合发展的未来。

第五讲　美国 TPP 战略与中国"一带一路"战略

一、美国 TPP 战略与中国"一带一路"战略形成背景

1. 美国 TPP 战略形成背景

1) 美国 TPP 战略内涵

TPP 的战略内涵是通过构建高标准、宽范围的地区性协定来为"美国霸主梦"服务的。2009 年 12 月 14 日，美国贸易代表柯克宣称美国将参与亚太地区贸易协定的谈判即 TPP 战略合作谈判，以构建高标准、宽范围的地区性协定，打造未来美国贸易的基准模板。由此可以看出，美国推进 TPP 的主要目的是通过政治的"向心力"来达到经济的"自利性"。

从 TPP 提出的历史背景来看，TPP 是美国所面临的综合因素的衍生物。这些综合因素包括随着经济新兴体的发展，美国综合实力相对下降；在特殊的政治、经济、社会等综合因素影响下，多哈回合谈判陷入困境。TPP 是美国基于多重因素和世界格局的变化，为维护自身霸权地位对世界贸易规则所制定的新规划、新构想，是美国在权衡自身利益之后在国际棋盘上设下的新局。

2) 美国 TPP 战略形成背景

跨太平洋伙伴关系的协议(TPP)的历史可以上溯到 2002 年。在墨西哥洛斯卡沃斯的 APEC 峰会期间，由智利总统 Ricardo Lagos，新加坡总理吴作栋和新西兰总理 Helen Clark 启动了"太平洋三国建立更紧密经济伙伴关系"(P3-CEP)谈判。2005 年 4 月，文莱作为谈判方首次参加了第五轮六方会谈。之后，该伙伴关系被称为 Pacific-4(P4)。该协议的目标是在 2006 年 1 月 1 日，其成员国之间 90%的关税得以消除，并且到 2015 年，降低关税的目标为零。这个协议包涵了其他自由贸易几乎所有的主要议题，如货物贸易、知识产权、贸易救济等规则。

2008 年 9 月，美国对外宣布将全面参与 TPP 协议的谈判，澳大利亚，越南和秘鲁随后也加入其中。2009 年 11 月，美国加入 TPP。2010 年 3 月，第三轮谈判在文莱一个扩展协议展开。2010 年 10 月，马来西亚加入谈判。2012 年 6 月，加拿大和墨西哥相继宣布将加入 TPP 协议的谈判。2013 年 3 月，日本也宣布将会加入 TPP。TPP 包含了四个不同地区的 12 个国家：东亚的日本、新加坡、马来西亚、文莱、越南；大洋洲的澳大利亚、新西兰；拉丁美洲的秘鲁、智利和北美的美国、加拿大、墨西哥。

2. "一带一路"战略形成背景

1) "一带一路"战略的内涵

"一带一路"指中国与亚太、东北非及欧洲广大国家和地区互联互通、互利合作的广泛概念。"一带一路"在当今世界和平、发展、合作、共赢的大趋势中应运而生，是时代的新生儿，既遗传了古人开辟古丝绸之路、追求交流合作的基因，又洋溢着涤荡冷战残余、探索全球治理新模式的志向。"一带一路"旨在借用古丝绸之路的历史符号，积极主动地发展与沿线国家的经济合作伙伴关系，共同打造政治互信、经济融合、文化包容的利益共同体、命运共同体和责任共同体，其本质上是有关国家共同合作的平台，是中国提供给国际社会的公共产品，强调共商、共建、共享原则，倡导新型国际关系准则和 21 世纪地区合作模式。

国务院发展研究中心研究院程国强在其文章中指出，"一带一路"倡议虽然由中国提出，但它实质上是惠及各个参与国经济社会发展的共建项目，应深刻把握并突出彰显现代丝绸之路"开放，包容、互利和共营"的核心内涵。

第一是开放。这是"一带一路"建设的核心理念。开放，意味着"一带一路"建设应对世界上所有国家或经济体、国际组织、区域合作机制和民间机构开放，不能搞封闭小圈子，更不能有排他性。

第二是包容。一方面，它意味着"一带一路"建设参与方多元化，不针对第三方，不搞封闭性集团，只要是有意愿参与的国家或地区均没有门槛要求，皆可自愿成为参与者、建设者和受益者；另一方面，合作方式的多样化，"一带一路"建设的合作机制多样化，没有严格统一的参与规则，在具体项目建设中，可广泛吸纳沿线各国当地企业、西方国家企业以及相关国际机构合作开发，构建多方利益共同体。这一特点使得"一带一路"建设不仅不会挑战现有的区域合作机制，反而能与现有各类机制实现良好对接。

第三是互利。"一带一路"建设，不搞零和博弈，不搞利益攫取、殖民扩张，更不能打着开放、自由贸易的幌子，搞以邻为壑的重商主义、产品倾销。要立足于使各参与方优势互补，实现利益共享、共同发展。

第四是共营。"一带一路"建设虽然由中国倡议并积极推进，但它实质上是惠及各参与方的共商、共营、共建、共享项目。互联互通的实现与合作，都需要各方共同商议，共同参与，共同营建，共同受益，从而使各参与方成为"利益共同体""发展共同体"，乃至"命运共同体"。

2) 陆上丝绸之路经济带和海上丝绸之路历史渊源

丝绸之路是张骞(约公元前 164 年至公元前 114 年)于西汉(公元前 202 年至公元 9 年)出使亚洲中、西部地区开辟的以长安(今陕西西安)为起点，经关中平原、河西走廊、塔里木盆地，到锡尔河与乌浒河之间的中亚河中地区、大伊朗，并联结地中海各国的陆上通道。

　　丝绸之路起始于古代中国，是连接亚洲、非洲和欧洲的古代路上商业贸易路线。从运输方式上分为陆上丝绸之路和海上丝绸之路。丝绸之路是一条东方与西方之间在经济、政治及文化进行交流的主要道路。它最初的作用是运输中国古代出产的丝绸、瓷器等商品。德国地理学家李希霍芬在 19 世纪 70 年代将之命名为"丝绸之路"。

　　当今世界正发生复杂深刻的变化，国际金融危机深层次影响继续显现，世界经济缓慢复苏、发展分化，国际投资贸易格局和多边投资贸易规则酝酿深刻调整，各国面临的发展问题依然严峻。共建"一带一路"顺应世界多极化、经济全球化、文化多样化、社会信息化的潮流，秉持开放的区域合作精神，致力于维护全球自由贸易体系和开放型世界经济。共建"一带一路"旨在促进经济要素有序自由流动、资源高效配置和市场深度融合，推动沿线各国实现经济政策协调，开展更大范围、更高水平、更深层次的区域合作，共同打造开放、包容、均衡、普惠的区域经济合作架构。共建"一带一路"符合国际社会的根本利益，彰显人类社会共同理想和美好追求，是国际合作以及全球治理新模式的积极探索，将为世界和平发展增添新的正能量。

　　共建"一带一路"致力于亚欧非大陆及附近海洋的互联互通，建立和加强沿线各国互联互通伙伴关系，构建全方位、多层次、复合型的互联互通网络，实现沿线各国多元、自主、平衡、可持续的发展。"一带一路"的互联互通项目将推动沿线各国发展战略的对接，发掘区域内市场的潜力，促进投资和消费，创造需求和就业，增进沿线各国人民的人文交流与文明互鉴，让各国人民相逢相知、互信互敬，共享和谐、安宁、富裕的生活。

　　(1) 中国经济和世界经济高度关联。中国将一以贯之地坚持对外开放的基本国策，构建全方位开放新格局，深度融入世界经济体系。推进"一带一路"建设既是中国扩大和深化对外开放的需要，也是加强和亚欧非及世界各国互利合作的需要，中国愿意在力所能及的范围内承担更多责任义务，为人类和平发展做出更大的贡献。

　　(2) 中国的产能过剩、外汇资产过剩。过剩产能对经济的运行造成了很大的问题，通常健康且创利的产业产能利用率应当在 85%以上，而据国际货币基金组织测算，中国全部产业产能利用率不超过 65%。当前中国传统的钢铁、有色、建材、化工等行业已经产能过剩，并且过剩状况逐渐向光伏、风电等新兴产业拓展，中国不仅有过剩产能还有 4 万亿美元过剩的外汇资产，而另一方面是新兴市场国家和欠发达国家的基础设施建设仍然欠缺。中国传统的出口渠道较为单一和狭窄，美国、欧洲和日本占据出口的核心国位置，占比很高，但这些传统的出口市场已经开拓得较为充分，增量空间已经不大，国内的过剩产能很难通过他们进行消化，在国内消费加速启动难以推进的情况下，通过"一带一路"来开辟新的出口市场是很好的抓手。

　　(3) 中国的油气资源、矿产资源对国外的依存度较高。现在这些资源主要通过沿海海路进入中国，铁矿石依赖于澳大利亚和巴西，石油依赖于中东，渠道较为单一。在石油、铁矿石对外依存度不断攀升的同时，精炼铝、精炼铜、钾盐等大宗矿产也因

"内供"不足不得不依靠外援，进而导致过去 15 年间，我国大宗矿产对外依存度不断攀升。国土资源部原部长徐绍史在第 43 个世界地球日的相关活动启动仪式上表示，上述五大矿产的对外依存度都超过了 50%，随着全球矿产资源竞争日益加剧，利用境外矿产资源的风险和成本将日渐加大。来自国土资源部的数据显示，近年来，石油、铁、铜、铝、钾盐等大宗矿产的进口量大幅攀升，对外依存度居高不下，(最新数据分别为：石油 54.8%、铁矿石 53.6%、精炼铝 52.9%、精炼铜 69%、钾盐 52.4%。)过多依赖境外矿产的风险加大，而且也不太现实，随着新兴经济体快速崛起、国家间经济利益博弈，全球矿产资源竞争加剧，境外矿产资源利用成本陡增，难度和风险显著加剧。

中国的工业和基础设施集中于沿海，如果遇到外部打击，容易失去核心设施。我国的资源主要是通过沿海海路进入，而沿海直接暴露于外部威胁，在战时极为脆弱。我国的工业和基础设施也集中于沿海，如果遇到外部的打击，整个中国会瞬时失去核心设施。在战略纵深更高的中部和西部地区，特别是西部地区，地广人稀工业少，还有很大的工业和基础设施发展潜力，在战时受到的威胁也少。通过"一带一路"加大对西部的开发，将有利于战略纵深的开拓和国家安全的强化。

二、美国 TPP 战略与中国"一带一路"战略主要内容

1. 美国 TPP 战略的主要内容与目标

2010 年 3 月，TPP 成员国在澳大利亚墨尔本全面启动了第一轮谈判。截至 2014 年 2 月，TPP 协议的 12 个成员国已经先后进行了 20 次谈判。TPP 协议谈判所涉及的议题非常广泛，而且比其他贸易协定更加深入。

TPP 协议的谈判议题主要是集中在三个方面：市场准入、规则和新的跨领域问题。

1）市场准入

自由贸易协定通常就是谈判有关商品的市场准入，TPP 打破传统的自由贸易协定，要求所有货物分阶段实现自由贸易，不能有例外的商品。在要求 TPP 成员国之间零关税的同时，还被要求放开关税配额。

具体表现为下面几个方面：

(1) 商品和服务的市场准入。TPP 成员国之间的平均关税从 0% 到 10% 不等。TPP 要求各成员国分阶段全部实现货物贸易自由化，并且在协议生效时，要求成员国之间取消全部关税。TPP 的目标是货物贸易免税准入，为此，关税会逐步淘汰，一些敏感的产品在不同时间段被淘汰。TPP 成员国协调消除关税是建立在各国对消除关税的承诺上的。同时，TPP 也讨论处理进出口许可程序规定、海关问题和贸易便利化。

(2) 纺织品、服装和鞋类制品。发达国家和发展中国家的经济发展水平差异显

著，在发展中国家对经济发展比较重要的劳动密集型产品(纺织品、鞋类制品和服装)上的分歧较大。美国希望通过延长关税淘汰周期、特别保障措施和严格的原产地规则这些协议来保护美国的本土产品，消除对进口敏感产品的不利影响。例如，美国一些鞋类制造商希望维持对鞋类进口的高关税。但是，发展中国家，如越南是劳动密集型国家，迫切要求降低关税，以获得更大的美国市场份额。此外，劳动密集型产品关税的消除可以为发展中国家比其他非 TPP 成员国优先进入发达国家市场(如中国)，获取更大的竞争力。

(3) 服务贸易。服务贸易包括金融服务(保险和银行业)、法律服务和电信服务、快递和电子商务等。美国已经和澳大利亚、加拿大、智利、墨西哥、秘鲁和新加坡的 FTA 里有过这些服务贸易的协议，而且这些国家已经超过了 TPP 成员国的一半。纵使这样，日本也是 TPP 最重要的成员国之一，日本与 TPP 各成员国的贸易关系尤为重要，但是日本在这个方面还有待深入。因此，服务贸易的谈判也是 TPP 协议所要达成共识的一个非常重要部分。此外，TPP 涉及的成员国地理分布范围广，各国发展水平不一以及文化差异大，关于服务贸易的创新也是其中很关键的一个内容。加之还有很多将加入 TPP 的潜在国家，因此服务贸易创新上要尽可能广泛地覆盖各种贸易情况。

(4) 跨境服务。TPP 涵盖的服务贸易在有些谈判内容上会有一些重叠，跨境贸易的部分服务的买卖双方位于不同的国家和地区。第一，他们将采用以传统"正面清单"完全不同的"负面清单"的方法。后者是比前者的方法更全面的服务贸易协定。第二，跨境服务还有非歧视待遇，包括最惠国待遇和国民待遇。第三，没有限制市场准入服务供应商的数量、提供的服务价值或总额、从业人员的数量、法律实体的类型和外国合资企业供应商。第四，相互承认专业资格认证服务提供商，这一点又涉及了后面叙述的法规调和。第五，政府规定的开发与应用的透明化。第六，津贴支付和转移资本流动提供的服务。在最近的谈判中，美国优先快递服务的市场准入也进入 TPP 谈判进程。这个方面，国有企业经营的邮政系统和私营部门的快递服务相互竞争，此处也与后面的"竞争与国有企业"这个部分重叠。

(5) 金融服务。TPP 纲要草案表明，金融服务，包括保险和银行业，将以一个独立的部分进行谈判。通过"负面清单"的方法，限制特定银行和保险服务等金融服务行业的业务范围。为了保障金融系统的稳定性和完整性，美国希望自由贸易协定将阻止当事人协议实行审慎措施。但是其他 TPP 成员国却认为这可能会侵犯本国的信息隐私。发达国家希望推动更大的市场准入服务，但发展中国家却对服务贸易自由化比较谨慎，他们担心行业竞争会影响国内就业和本国政治。

(6) 政府采购。美国、日本和新加坡属于 WTO 政府采购协定(GPA)的成员，政府采购规定的互惠性质将允许美国公司进入海外，以美国产品的高水平、高科技，会成为其他国家采购的对象，这使得美国公司的海外市场非常大。同时，TPP 国家之间实行零关税后，美国采购其他国家的产品成本也更低。总的来说，政府采购协定对产业链上端的国家更有利，而产业链底端的国家则处于不利地位。

(7) 农业的市场准入。农业的市场准入问题是 TPP 大部分国家关心的重要问题，也是日美谈判能否达成共识的症结所在。美国在农业方面的立场既有时时防御，又有不断出击，进攻他国。美国的农业和食品加工业表示欢迎墨西哥、加拿大和日本加入 TPP 协议的谈判，并希望以加拿大的参与为契机，重新完成美国和加拿大之间乳制品和家禽产品的自由贸易协定，以此使美国的乳制品和家禽产品进入加拿大市场。而加拿大乳制品和禽类生产商希望他们国家的谈判代表可以控制进口贸易协定，以确保他们获得国内供应的全部好处。虽然日本对农产品的进口非常敏感，设有很高的关税和限制配额，日本最大的农业游说呼吁政府排除开放日本市场任何额外进口最敏感的大宗农产品，比如大米、大麦、小麦、乳制品、甜味剂，日本认为这些敏感农产品不能让步。但是目前日本是美国农业及农业食品第四大出口市场，而且日本的市场也被美国视为最有潜力的市场。另外，美国的农业贸易也有防御。乳制品和糖类商品是美国两个最重要的敏感的农产品。美国的乳品行业采取了多管齐下的方式，希望达成四个目标：限制新西兰所产的乳制品进入到美国市场；美国的乳品可以自由进入加拿大的广大市场；使美国的乳制品获得在日本市场的全面的市场准入；实现食品安全的执法和健康农业产品交易的规定。美国的糖类生产业也反对开放美国糖市场，反对授予任何额外的 TPP 成员国进入的糖。他们认为，免税进入的糖在使美国的糖供过于求，降低美国价格低于贷款利率的水平，导致美国糖生产者的主要收入下降，并引发联邦的支出。

2) 规则

美国积极参与 TPP 谈判，一个重要的目的就是想要建立国际贸易新规则，并且这个规则由美国牢牢地把握，让其他国家在自己设定的规则下进行贸易，以达到对美国贸易的利益最大化。新的规则有很多，主要体现在知识产权保护、互联网服务、医药准入、生物制剂、原产地规则、技术贸易壁垒、医疗技术和药物的透明性、竞争政策、贸易救济。

美国积极寻求增加知识产权保护的谈判，其保护标准很高，涉及专利、产权、著作权、商标国际注册、生物制剂和药品定价等多个领域的条约。是目前所有的区域自由贸易协定中要求最高、涵盖范围最大的协议。首先，要加强对互联网提供商的保护。互联网提供商试图提供一个明确的权利之间的平衡。其次，要加强药品知识产权的保护。美国试图平衡某些专利保护与 TPP 的发展中国家在药品市场访问的能力。再次，要快速加强各个行业的商业机密的保护。现在，越来越多的公司窃取其他国家和公司的商业秘密，这种窃取能力在 TPP 成员国之间差异很大，需要设立严格的防窃取的法规。原产地规则是指那些起源于自贸区的产品，他们有资格获得协议规定的优惠性待遇。例如，进入 TPP 其他国家的服装制品需要从棉、麻到纺织再到加工为服装这些过程全部在 TPP 成员国内完成。这将会使得原来本身所有的生产链被破坏。规范技术性贸易壁垒的标准，从表面来看是为了保护消费者的健康和安全，其内在隐含的是歧视性进口规则。TPP 谈判是寻求建立发展中的技术贸易壁垒协定作为模型规定，包括附件行业的技术贸易壁垒承诺协调他们在关键领域的监管方法。

在对外投资上，美国和日本等发达经济体存在着巨大的商业利益。发达国家将会在 TPP 协议的谈判中积极推动高标准和高规则的投资协定达成。TPP 谈判中关于外国投资要求获得准入前国民待遇，要求实行"负面清单"规则。竞争政策涉及垄断、定价、保护跨境消费者、争端解决机制和透明度等。TPP 协议的竞争政策包括让成员国的国有企业在市场上实现公平竞争的要求。因此，各成员国需要制定反垄断法并采取相应的措施，使国有企业和非国有企业在税收、债务和规则方面以公平的形式竞争。TPP 成员国解决工人权利的广度与深度也是富有争议的问题。工会和非政府组织是强劲的劳工权利捍卫者。东南亚国家的劳动力成本低，在生活水平上较发达国家的工人低，在国际贸易中，发达国家的高劳动力成本使他们在竞争中处于不利地位。因此，最低工资要求、工作时间、职业健康与安全、集体谈判都是被关注的热点问题。

环境问题是 TPP 协议的重要议题，包含三个组件：保护、核心的承诺和公众参与。主要表现在保护海洋渔业、禁止非法采伐、禁止捕猎濒危物种；要求当事人维护他们的承诺；允许利益相关者参与调查违反环境的行为，确保公众获得相关的信息，向公众征求意见等。此外，新西兰和智利提出贸易和气候变化、海洋渔业和渔业补贴的提案，澳大利亚提出了完整的消除关于环境产品和环保技术的关税。

3) 新的跨领域问题

法规调和问题代表了加入 TPP 谈判的一个新的跨领域的问题，它是为了缓解 TPP 成员国之间的贸易条件和成本而确认的 TPP 成员国调节经济的权利，促进合理的政策目标。这一举措源于监管和非关税壁垒的扩散，这已经成为企业进入外国市场的一个主要障碍。它的目标是改善监管实践、消除不必要的障碍、减少区域标准的差异、提高透明度、消除冗余的测试和认证以及促进合作的具体监管问题。国有企业都会直接或是间接受到政府的影响，因此，政府可能为企业提供补贴、低成本信贷、优先获得政府采购等优势。政府支持本国的国有企业发展，从而阻碍正当竞争。2014 年 7 月，TPP 协定在加拿大首都渥太华进行，在国有企业议题上取得实质性进展。"竞争中立"规则引入 TPP 谈判。所谓"竞争中立"原则，就是为了保证国有企业和非国有企业进行公平竞争，重新规划现在的国际经济格局中的规则或制度。由于国有企业享有政府提供的各种资源，非国有企业与之相竞争时就处于劣势，这就违背了"竞争中立"原则。因此，与之紧密联系的反垄断法和相应措施的建设与实施呼之欲出。对国有企业的市场竞争的规范对东亚新兴的经济体的崛起未必会起到下面的效用：

(1) 电子商务。根据 2011 年 11 月的框架，TPP 谈判将通过互联网和其他电子手段建立商品和服务贸易的规则和程序，规则将解决包括关税在内的数字环境、电子交易的认证、消费者保护、本地化需求等贸易障碍，以确保信息的自由流动。这些规则将会使电子商务在日益全球化的经济中增长。美国还提议禁止国家阻止跨境的在互联网上流动的包括语言在内的数据。如果被采纳，这些规则可以影响成员国对互联网审查的能力。但是，其他 TPP 协议的成员国认为这会妨碍本国的数据安全。

（2）竞争和供应链。国际贸易中，中间产品对许多分公司来说是一个越来越重要的组成部分，2009 年，这些中间产品作为投入生产的最终产品，占一半以上的非燃料商品交易。这些半成品沿着全球供应链，从基本的组件变成消费者最终消费的产品，这条供应链通过跨越多个国际边界。提高供应链的竞争力，就要有适当的基础设施，比如港口、道路等，来促进贸易。有关原产地规则的一系列简化也可以达到提升海关效率的良好作用。但是有竞争力的供应链和强劲的原产地规则并不总是相互一致的。例如，越南生产的服装使用中国的面料，这条生产链就会很有竞争力，但是根据原产地规则，原料也要使用 TPP 成员国的。这就形成了二者之间的冲突。因此，原产地规则确保了 TPP 成员国的竞争力，但成本与效率又是一个使各个国家担忧的问题。

跨太平洋伙伴关系协议的主要内容协议的目标。按照协议计划，到 2015 年，TPP 协议将要取消所有成员国家货物商品的关税，打破贸易投资壁垒，全面开放市场准入，适当解决各成员的敏感问题，进而保证成员国家的国有和私有企业在国际市场上公平竞争，推动成员国建立良好的金融监管政策和竞争政策，促进各成员在经济立法、反贪、数字经济、绿色经济及相关新产品和服务等方面具有统一规则。TPP 协议的目标是达成商贸关系高水平的区域性一揽子协议，使其发展成为亚太地区 21 世纪自由贸易协议的新样板和范本。

TPP 谈判主要有两个目标，其一是建立一个全面的高质量的多边协议，解决亚太地区诸多贸易协定"意大利面碗效应"困境，通过 TPP 机制内成员国间的自由贸易，实现通向亚太自由贸易的目标。第二个目标则是建立一种创造性的、独特的贸易新形式，使原本具有"意大利面碗效应"的贸易机制更加合理化，并最终形成一个富有凝聚力的整体。

尽管如此，由于协议涉及的内容极为广泛，标准严格，因此，它将很难如期实现协议预设目标，成员国在具体谈判过程中也将面临较大的阻碍。目前来看，各成员国在竞争政策，合作建设，跨界服务，争端解决机制和透明度，以及商品临时准入的部分协议文本方面已经取得了较大的进展；与之相反，在环保、金融服务、政府采购、知识产权保护、原产地标准、劳工等方面还在进行磋商。此外，在 TPP 谈判过程中，成员国不断地提出供应管理、企业发展等新议题，这些内容都将促使 TPP 成为 21 世纪 FTA 新模式，但在客观上将延缓 TPP 的谈判进程。

2. 中国"一带一路"战略主要内容

1) "一带一路"的战略框架与建设原则

中国提出合作倡议,是构建全方位开放格局、促进沿线国家共同繁荣的战略选择,既把世界的机遇转变为中国的机遇,又把中国的机遇转变为世界的机遇,对于深化区域合作、促进亚太繁荣、推动全球发展具有重大而深远的意义。

"一带一路"的战略框架。2015 年 3 月发布的《愿景与行动》文件,清晰地勾勒了"一带一路"建设的战略框架。

"一带一路"贯穿亚欧非大陆,一头是活跃的东亚经济圈,一头是发达的欧洲经济圈,中间广大腹地国家经济发展潜力巨大。丝绸之路经济带重点畅通中国经中亚、俄罗斯至欧洲(波罗的海);中国经中亚、西亚至波斯湾、地中海;中国至东南亚、南亚、印度洋。21 世纪海上丝绸之路重点方向是从中国沿海港口过南海到印度洋,延伸至欧洲;从中国沿海港口过南海到南太平洋。

根据"一带一路"走向,陆上依托国际大通道,以沿线中心城市为支撑,以重点经贸产业园区为合作平台,共同打造新亚欧大陆桥、中蒙俄、中国—中亚—西亚、中国—中南半岛等国际经济合作走廊;海上以重点港口为节点,共同建设通畅安全高效的运输大通道。中巴、孟中印缅两个经济走廊与推进"一带一路"建设关联紧密,要进一步推动合作,取得更大进展。

根据"一带一路"的战略框架,"一带一路"的建设内容概括起来就是"五通三同"。"五通"就是政策沟通、设施联通、贸易畅通、资金融通、民心相通。这"五通"是统一体,缺一不可。"三同"就是利益共同体、命运共同体和责任共同体。三者也是一个整体,不可分割。其中,"五通"作为核心,旨在通过中国与沿线国家携手建设,形成内外联动、海陆统筹的对外开放新布局,使古老的"丝绸之路"发展为现代版的国际"大合唱"。

想要唱好"大合唱":

(1) 政策沟通是重要保证。"一带一路"建设与国内建设最大的不同之处是,每个国家在相关问题上都可能有不同的政策,甚至技术标准、质量标准等各异,这就首先要通过沟通达成相关项目的政策共识。在沟通中,既要利用好积极因素,又要设法化解消极因素,以便形成合作的最大公约数,求同存异,为项目建设开启政策绿灯。

(2) 设施联通是优先领域。这里所说的设施指的是基础设施建设,不仅指交通设施,还包括油气管道、输电网、跨境光缆建设等,其中重点是交通设施建设。俗话说:"要致富,先修路"或者"先修路、后致富"。因为"一带一路"沿线国家在交通设施领域普遍欠发达,并且高山、沙漠、河流不时阻隔交通,给货物和人员交流带来不便。

(3) 贸易畅通是重点内容。近年来,中国与沿线国家之间的贸易有了长足发展,但各种贸易壁垒仍不便于扩大交往,因此,需要使贸易、投资和人员往来便利化,通过加强信息交换、海关、认证等方面的合作来拓宽贸易和投资。

(4) 资金融通是重要支撑："一带一路"建设需要上千亿甚至上万亿美元的资金，任何一国都无力承担这样的巨额费用，只能通过市场运作来筹集资金。一方面，要充分发挥设立的丝路基金的作用，另一方面，要充分发挥各国融资的作用。此外，还要充分鼓励各国民间资本进入，引导商业股权投资基金和社会资金参与共建"一带一路"。各国可通过本币互换等方式来降低成本。

(5) 民心相通是社会根基。不言而喻，跨越各国的"世纪工程"若能获得沿线国家民众的广泛支持，将会顺利得多，反之，则寸步难行。所以，必须通过传承和弘扬古"丝绸之路"友好合作精神，开展广泛的人文交流，加强媒体合作、旅游合作等多种方式，来增进彼此合作和理解，以共同推进"一带一路"建设。

"五通"的目标是共赢。通过实行"五通"，全方位推进务实合作，最终打造"一带一路"沿线国家政治互信、经济融合、文化互容的利益共同体、命运共同体和责任共同体。这样，在亚欧非的广阔区域就将出现一个新生的巨大经济活跃地区。古"丝绸之路"精神将焕发出新的时代光芒，并将对世界的发展做出巨大贡献。

"一带一路"建设的基本原则。2015 年 3 月 28 日，习近平在博鳌亚洲论坛 2015 年年会开幕式发表主旨演讲时强调，"一带一路"建设秉持的是共商、共建、共享原则，不是封闭的，而是开放包容的；不是中国一家的独奏，而是沿线国家的合唱。

"一带一路"建设把共商、共建、共享作为重要原则，适应了经济全球化、世界多极化和国际关系民主化的潮流。"共商"，就是集思广益，兼顾各方利益和关切，体现各方智慧和创意。"一带一路"无论在酝酿、倡议阶段还是推进、收获阶段，都应由沿线国家商量着办事。"一带"和"一路"倡议分别在哈萨克斯坦和印度尼西亚提出，本身就是采取与东道国共商的形式。在制订规划和推出《愿景与行动》的过程中，中国通过双多边渠道，广泛听取了沿线国家的意见和建议，汲取了不少建设性意见，例如突出开放性，重视人文合作与生态环保，争取早期收获，打破投融资瓶颈，鼓励企业创新等。"共建"，就是体现共同参与，发挥自身优势和潜能，形成新的合作优势。沿线国家国情国力不同，可各尽其力，各施所长。"共享"，就是坚持互利共赢，寻求利益契合点和合作最大公约数。中国和所有沿线国家都是"一带一路"的利益攸关方。"一带一路"建设体现了包容性发展的理念，努力让合作成果惠及沿线各国及国际社会，惠及基层民众。共商、共建、共享，三位一体，相辅相成。共商是起点和基础，共建是核心和方式，共享是目标和动力。

为实现共商、共建与共享，中国提出了一个全新的操作路径，就是"对接"。对接包括中国与沿线国家战略和政策的对接，包括项目和企业的对接，也包括合作机制的对接。对接是在尊重彼此规划的基础上，找出共同利益的交汇点，进而制订共同规划，推进合作项目。

共商、共建、共享原则有助于处理好区域合作中的几个突出问题：

第一是平等性问题。所有参与"一带一路"的沿线国家，无论大小、强弱和贡献多少，政治和法律地位都是平等的。大家都是"一带一路"的参与者、建设者和受益者，都可以发挥重要作用。大家是合作伙伴而非竞争对手，也不存在领导者和被领导者的关系。在建设过程中，通过兼顾各方利益和关切，寻求利益契合点和合作最大公约数，体现各方智慧和创意，各施所长，各尽所能，把各方优势和潜力充分发挥出来。

第二是开放性问题。共建"一带一路"的国家基于但不限于古代丝绸之路的范围，各国和国际、地区组织均可参与，让共建成果惠及更广泛的区域。"一带一路"建设以亚欧大陆及其附近海洋为地理立足点，以政府间合作为主渠道，但合作伙伴不限于亚欧大陆，合作范畴也不限于政府间合作。各国地方政府、金融机构、跨国公司、国际组织、非政府组织都可以参与其中。

第三是兼容性和包容性问题。"一带一路"贯穿亚欧非大陆，连接东亚经济圈和欧洲经济圈，将南太平洋地区作为海上丝路的自然延伸，打破了洲际和次区域之间的藩篱，在东方与西方国家、南方和北方国家、不同文明类型国家之间架设了桥梁，有助于各类合作机制分工协作，有利于形成更大范围、更高层次、更高水平的区域合作新格局。"一带一路"建设倡导文明宽容，尊重各国发展道路和模式的选择，加强不同文明之间的对话，求同存异、兼容并蓄、和平共处、共生共荣。

第四是公益性和收益性问题。"一带一路"是中国自身全方位开放和对外合作的总体布局，同时也是中国向国际社会提供的公共产品，体现了中国对国际社会的担当和贡献。但中国与沿线各国不是援助和被援助的关系，"一带一路"建设坚持市场运作，遵循市场规律和国际通行规则，充分发挥市场在资源配置中的决定性作用和各类企业的主体作用，同时发挥好政府的作用。

2) "一带一路"的战略合作方向

从"一带一路"途经路线和辐射范围看，向北与俄罗斯的交通线及管道连接，东边连接东亚另外两个主要经济体日本和韩国，向西通过中亚连接西欧，向西南通过印度洋连接到北非，向南过南海到南太平洋包括澳大利亚等地，把东亚、东南亚、南亚、中亚、澳大利亚、欧洲南部、非洲东部的广大地区联系在一起。中间广大腹地人口众多、资源丰富而经济发展相对滞后，与我国经贸合作起步虽晚但潜力巨大，是我国拓展全方位开放格局的重点方向。对中亚和中东欧国家来说，它们均处于社会经济转型重要阶段，都面临发展经济的艰巨任务，都乐于搭乘中国发展的"顺风车"，通过"一带一路"可以更好地吸收国际资本、技术和管理经验，加快经济振兴。

陆上丝绸之路基本走向。陆上丝绸之路大体可分为北中南三条线路：北道，经中亚、俄罗斯到欧洲(波罗的海)；中道，经中亚、西亚至波斯湾、地中海；南道，经中南半岛抵达印度洋。

海上丝绸之路基本走向。21 世纪海上丝绸之路以东盟为重要支点，以点带线，以线带面，连通东盟、南亚、大洋洲、西亚、北非等各大经济板块的市场，发展面向南海、南太平洋和印度洋的战略合作经济带，以亚欧非经济贸易一体化为发展的长期目标。

海上丝绸之路主要为两条线路，即从中国沿海港口过南海到南太平洋；从中国沿海港口过南海到印度洋，途经地中海至欧洲。

3）"一带一路"的战略合作走廊

与传统丝绸之路不同的是，"一带一路"建设更多的是依赖丝绸之路经济、人文、商贸的千年传承，并赋予其新的合作意义，即联合打造交通贸易大通道和区域发展共同体。在"一带一路"沿线各国的共同推动下，六大经济走廊形成了"一带一路"基础骨架。

(1) 新亚欧大陆桥经济走廊。新亚欧大陆桥又名"第二亚欧大陆桥"，是从江苏省连云港市到荷兰鹿特丹港的国际化铁路交通干线，国内由陇海铁路和兰新铁路组成。大陆桥途经江苏、安徽、河南、陕西、甘肃、青海、新疆7个省区，到中哈边界的阿拉山口出国境。出国境后可经3条线路抵达荷兰的鹿特丹港。中线与俄罗斯铁路友谊站接轨，进入俄罗斯铁路网，途经斯摩棱斯克、布列斯特、华沙、柏林达荷兰的鹿特丹港，全长10900千米，辐射沿线30多个国家和地区。此外，新亚欧大陆桥穿过我国东、中、西三大地带，经过亚欧大陆大多数国家，其走向和古丝绸之路一致，被称作"现代丝绸之路"。亚太地区经济的迅速增长，越来越需要开拓欧洲市场，而欧盟为谋求发展也需要到亚太地区寻求贸易伙伴，选择投资对象，亚太与欧洲的双向辐射越来越明显。依托新亚欧大陆桥构建丝绸之路经济带，可促进我国向西开放，加强与中亚、南亚、西亚、东欧、中欧、西欧等国家之间的合作交流。与亚太经合组织及其观察员国家加强合作交流，有利于解决我国的边境安全和能源安全问题；与欧盟国家加强合作交流，可促进我国的产业升级和发展方式转变。

(2) 中蒙俄经济走廊。中蒙俄经济走廊建设倡议是中国国家主席习近平在2014年9月出席中蒙俄三国元首会晤时提出的。国家发展改革委相关文件显示，中蒙俄经济走廊分为两条路线：华北地区从京津冀到呼和浩特，再到蒙古国和俄罗斯；东北地区从大连、沈阳、长春、哈尔滨到满洲里和俄罗斯的赤塔。打造中蒙俄经济走廊，有利于加强三方铁路、公路等基础设施互联互通建设，推进通关和运输便利化，促进过境运输合作、三方跨境输电网建设，开展旅游、智库、媒体、环保、减灾救灾等领域务实合作；有利于三方深化在上海合作组织框架内合作，共同维护地区安全，实现共同发展。

(3) 中国—中亚—西亚经济走廊。中国—中亚—西亚经济走廊从新疆出发，抵达波斯湾、地中海沿岸和阿拉伯半岛，主要涉及中亚五国(哈萨克斯坦、吉尔吉斯斯坦、塔吉克斯坦、乌兹别克斯坦、土库曼斯坦)、伊朗、土耳其等国。中亚位于欧亚大陆中心，是丝绸之路的枢纽。中亚和西亚不仅是全球重要的能源输出国，还是东西方文化交流的要道，西亚的霍尔木兹海峡、曼德海峡是沟通大西洋和印度洋的交通纽带，中西亚经济走廊建设建立了一条新的横贯欧亚大陆中南部的经济大动脉，有利于两地经贸发展，更满足了我国能源等方面的需求及中西亚各国或地区的经济结构调整与基础设施建设等；中西亚地区的贸易发展与经济整合，有利于弥合地区政治、军事等方面的冲突与紧张态势，为地区和平安定提供保障。

(4) 中国—中南半岛经济走廊。东起珠三角经济区，沿南广高速公路、桂广高速铁路，经南宁、河内至新加坡，将以沿线中心城市为依托，以铁路、公路为载体和纽带，以人流、物流、资金流、信息流为基础，可形成优势互补、区域分工、联动开发、共同发展的区域经济体，开拓新的战略通道和战略空间。

(5) 中巴经济走廊。中巴经济走廊，起点在新疆喀什，终点在巴基斯坦瓜达尔港，全长 3000 千米，贯通南北丝路关键枢纽，北接丝绸之路经济带、南连 21 世纪海上丝绸之路，是一条包括公路、铁路从油气和光缆通道在内的贸易走廊。中国外交部部长王毅把"中巴经济走廊"描述为"一带一路"交响乐中的"第一乐章"。可以预见的是，在未来几年的中国周边外交以及"一带一路"战略实践中，"中巴经济走廊"将兼顾"一带一路"战略推进的"试点区""示范区""创新区"三项职能。从中巴能源需求上，它从陆路开辟了通向中东的门户，以此为枢纽可把中国、波斯湾和阿拉伯海连接起来，开辟一条绕过马六甲海峡的内陆能源通道；从宏观战略上，建设中巴经济走廊，不仅对中巴两国发展具有强大推动作用，优化巴基斯坦在南亚的区域优势，有助于促进整个南亚的"互联互通"，更能把南亚、中亚、北非、海湾国家等通过经济、能源领域的合作紧密联合在一起，形成经济共振，其建设将惠及近 30 亿的人口。

(6) 孟中印缅经济走廊。孟中印缅经济走廊建设是 2013 年 5 月国务院总理李克强访问印度期间提出的倡议。孟中印缅陆路通道的建成，将使新欧亚大陆桥与南亚和环印度洋地区连通，中国西部地区与南亚和环印度洋地区的经贸往来将大大缩小运距、成本和时间，中国西南地区经贸发展的区位劣势将大为改观，有利于大西南地区扩大对南亚的开放力度，促进该地区的经贸合作和经济发展；促进中印领土边界问题早日协商解决，促进四国尤其是毗邻地区人民的相互了解和信任，化解分歧和矛盾，为各国经济发展创造一个和平安宁的周边环境；加大四国贸易往来，充分发挥各自的比较优势，形成四国能源、资源、原料、工业制成品等方面的合理国际分工，带动产业结构调整，增强各自的经济实力。

4) "一带一路"的战略合作领域

"一带一路"超越了纯粹的贸易自由化和投资便利化要求，旨在推进综合的发展与交流，主要包含经济领域合作与非经济领域合作的融合以及经济领域内各层面之间的整合。"一带一路"战略执行需要做好政策沟通、基础设施联通、贸易畅通、资金融通及民心相通等五通。基于此，这"五通"相互关联，相互影响，是一个密不可分的整体。

(1) 政策沟通。政策沟通是"五通"的顶层设计，既为"五通"开辟道路，又在政治层面上为"一带一路"建设保驾护航。根据《中国企业国际化报告(2014)》蓝皮书，我国企业"走出去"失败的原因有 25%是政治风险所致，同时，以第三世界为主的"一带一路"沿线区域的政治体制各不相同，其政治风险更为显著，再加上中东地区政局深受大国博弈的影响，政府的频繁更迭、法律体系的不完善、外资准入的严格限制等为"一带一路"跨区域合作蒙上了阴影。而政策沟通能够促进沿线各国形成合理的顶层设计，通过加强政治互信、深化区域间利益融合，形成自上而下的协调机制，保障"一带一路"建设的顺利进行。

目前，"一带一路"沿线区域间已建立了多种政策沟通机制，如亚欧首脑会议，新亚欧大陆桥国际协调机制，上海合作组织的政府首脑定期会晤机制与部门领导人会谈机制，亚太经合组织的领导人非正式会议、部长级会议、高官会，中国—东盟领导人会议，等等。但现有的政策沟通机制还主要集中在高层互动、高层沟通上，缺乏相应的地方联动机制，并且各政策沟通机制存在着相对独立、相互排斥、作用相互重叠等缺陷。因此，"一带一路"建设应以中心沿线城市为支撑，合理利用现有的高层政策沟通机制，建立更多区域间、城市间的沟通机制，力求形成"多层次政府间宏观政策沟通交流机制"，以开放多元为基本准则，与成员方之间已存在或者在建的多边合作机制包容并进。而中国作为"一带一路"倡导国以及负责任的大国，会考虑自身受益性与公共性之间的协调以及短期收益与长期收益之间的协调，在"一带一路"的建设中，中国并不谋求主导地位，而是坚持互利共赢，兼顾各成员方的利益，寻求各方利益的最大公约数，并且在推进过程中，中国会从公共性以及长远性角度出发，适当做出利益让渡，以推进"一带一路"建设。同时，"一带一路"建设还将以项目推动为突破口，把重点放在重大项目上，从偏向务虚的合作转变为以务实为主的项目合作，以实质性合作为主导推动基础设施、经贸等方面重大项目的实施。

(2) 基础设施联通。基础设施互联互通是"一带一路"建设的优先领域。在尊重相关国家主权和安全关切的基础上，沿线国家宜加强基础设施建设规划、技术标准体系的对接，共同推进。国际骨干通道建设逐步形成连接亚洲各次区域以及亚欧非之间的基础设施网络。强化基础设施绿色低碳化建设和运营管理，在建设中充分考虑气候变化影响。

时至今日，亚欧地区的基础设施还存在着不连、不通、不畅的现象。一方面，由于政治与经济原因，亚欧大陆上许多交通运输路段都已废止，许多交通运输要道的通行能力十分有限，相关设施设备也较为陈旧，使得亚欧地区间的通行成本居高不下。另一方面，世界各国的基础设施往往都有自己所遵循的技术标准体系，例如俄罗斯以及许多原苏联国家的铁路轨道大多遵从 1520 毫米的宽轨制式，而中国与许多欧洲国家则采用 1435 毫米的国际标准轨制式，不同的技术标准体系也为国际交通运输的畅通带来了巨大的不便。而关键交通路段的缺失、瓶颈路段的低通行能力都使得各国之间的空间距离被不断放大。

"一带一路"的基础设施联通不是简简单单的逢山开路、遇水架桥。它始终秉承"绿色低碳""环境友好"的理念，"强化基础设施绿色低碳化建设和运营管理，在建设中充分考虑气候变化影响"。它更是一个三位一体的系统性工程，以交通基础设施互联互通为基础，以能源基础设施互联互通为战略要点，以信息丝绸之路建设为技术支撑，从交通、能源、信息三方位打造高效的"一带一路"联系网络。

交通基础设施互联互通是基础设施建设的基础。交通基础设施建设可以总结为"由未通到打通、由打通到畅通"。交通基础设施互通，就必须先解决"不连、不通"的问题，应积极组建以航空和水运为先导、公路为基础、铁路为动脉，集公、铁、水、航多种运输方式和枢纽港站、现代通信网络为一体的国际立体运输大通道，完成"由未通到打通"的目标。而"由打通到畅通"是一个长期目标，这包含了硬件与软件两方面的要求。

硬件上，需从陆路、水路、空路三方面加强基础设施建设，增加海、陆、空运输线的载荷能力，提升公路、铁路、海港、空港的基础设施水平，促进海港、空港与陆上交通枢纽的衔接，提升海、陆、空三线的联运能力，"完善道路安全防护设施与交通管理设施"，提升交通路线的抗风险能力。

软件上，需建立现代化的交通运输体系，特别要考虑各国不同的技术标准体系，形成兼容各国规范的运输规则，重点解决国际通关慢以及换装速度慢、效率低的问题，保证通关、换装的便利性，更要推动交通运输的信息化合作，全方位提升交运通达水平。

加强能源基础设施互联互通合作，共同维护输油、输气管道等运输通道安全，推进跨境电力与输电通道建设，积极开展区域电网升级改造合作。

能源基础设施互联互通是基础设施建设的战略要点。能源安全是关乎各国国家安全的大问题，而"一带一路"的腹地——中亚与西亚地区(尤其是西亚地区)，包含着许多不稳定的因素。西亚地区作为亚、欧、非三大洲与印度洋、大西洋的交汇处，地理位置十分重要，同时又是世界上最大的石油产区之一。但也正是因为地处地理要冲又盛产石油，西亚地区成了世界上最动荡的地区之一。政局的不稳定导致油气运输管道的安全受到巨大的威胁。因而，"一带一路"建设将"共同维护输油、输气管道等运输通道安全"作为能源基础设施合作的重中之重。另外，"一带一路"建设坚持互利共赢的目标，将帮助能源资源产地优化当地产业结构，"推进能源资源就地就近加工转化合作"，同时"推进跨境电力与输电通道建设，积极开展区域电网升级改造合作"，助力能源资源产地经济发展。

能源基础设施互联互通主要体现在三个层面：一是双方公路、铁路、航线、水路、管道、跨境输电网络等关键基础设施的"无缝链接"；二是双方通关便利化政策及其实施，包括双方产业的全面对接等；三是两地在民间往来、人文交流等认知及精神层面的交流，共同推进"有形联通"与"无形链接"，同步加强以基础设施和交通运输为基础的"硬件"建设和以制度和情感互联互通为基础的"软件"建设。

共同推进跨境光缆等通信干线网络建设，提高国际通信互联互通水平，畅通信息丝绸之路。加快推进双边跨境光缆等建设，规划建设洲际海底光缆项目，完善空中(卫星)信息通道，扩大信息交流与合作。信息丝绸之路是基础设施互联互通的技术支撑，更是交运与能源合作信息化、现代化的重要支撑。在当今这样一个信息化时代，信息丝绸之路对"一带一路"建设的影响是巨大的。不管是物流信息化还是智能电网的实现都离不开信息化支持，而信息丝绸之路将为物流信息化与能源设施合作提供坚实的技术支持。另外，信息丝绸之路还大大拓宽了"一带一路"沿线各国政治、经济、文化交流的渠道，为政策沟通、贸易畅通与民心相通插上信息化的翅膀，助力"五通"实现。在此基础上，"一带一路"倡议沿线各国"共同推进跨境光缆等通信干线网络建设，提高国际通信互联互通水平，畅通信息丝绸之路。加快推进双边跨境光缆等建设，规划建设洲际海底光缆项目，完善空中(卫星)信息通道，扩大信息交流与合作"。

(3) 贸易畅通。在当前经济全球化新形势下，国际投资和国际贸易不仅是推动经济增长的重要引擎，也是深化各国互利合作的关键所在。而与基于优势互补的传统自贸区合作模式的不同之处在于，"一带一路"模式更加注重各成员方之间的优势再造效应，旨在将边境对跨区域合作的抑制效应转变为催化效应。同时"一带一路"模式通过基础设施的互联互通重构经济地理，使得原有潜在比较优势显性化，在此基础上构建国际竞争新优势，并且基础设施的互联互通还使得各成员方之间及其内部的贸易投资成本下降。

总体来看，贸易畅通有着贸易自由化与投资便利化两层内涵，而贸易自由化与投资便利化又是相互促进、相辅相成的。一方面，由于母国与东道国的政治、经济、文化环境不同，跨国投资企业又缺乏相关知识，常常面临着巨大的风险，而贸易自由化将使得区域内经济交流更为频繁，相关的"知识"也能更好地在区域内进行传递，从而为区域内跨境投资提供有利条件；另一方面，跨境投资能够更合理地利用各国的非贸易要素，放大各国原先的比较优势，并在此基础上形成新的竞争优势，从而促进贸易发展。而 2008 年的金融危机使世界经济遭受重创，国际贸易与投资环境不断恶化，贸易壁垒与投资壁垒大大阻挠了世界经济复苏的进程。鉴于此，《愿景与行动》发出了"着力研究解决投资、贸易便利化问题，消除投资和贸易壁垒，构建区域内和各国良好的营商环境，积极同沿线国家和地区共同商建自由贸易区，激发释放合作潜力，做大做好合作蛋糕"的积极倡议。

贸易自由化是"贸易畅通"的重点之一。经济危机以来，非关税壁垒高筑，大大阻碍了国际贸易的进行。同时，贸易结构不合理、贸易差额巨大等现象，都加大了贸易摩擦。为了达成贸易自由化目标，降低非关税壁垒、优化贸易结构、促进贸易平衡势在必行。因此，关于推进贸易自由化的合作领域主要集中在以下两个方面。

一方面，降低非关税壁垒。

乌拉圭回合谈判以后，世界各国的贸易关税都大大降低，但各类非关税壁垒却层出不穷，大大限制了国际贸易的进行。非关税贸易壁垒(Non-tariff Barrier)主要包括通关环节壁垒、进口禁令、进口许可、技术性贸易措施(TBT)、卫生与植物卫生措施(SPS)、服务贸易壁垒等。其中，主要的非关税壁垒有通关环节壁垒、技术性贸易措施、卫生与植物卫生措施三大类。

通关环节壁垒往往设置繁复的通关程序，产品通关往往会消耗大量时间，外贸企业在通关过程中也会消耗大量财力物力，使得贸易产品不再有竞争优势。而技术性贸易措施则通过技术检验标准、卫生检疫标准等严格的限制性标准提高进口产品的技术要求，从而限制进口。卫生与植物卫生措施则是禁止含有《实施卫生与植物卫生措施协议》内规定污染物的产品的进口。技术性贸易措施与卫生与植物卫生措施本身旨在维护国家安全利益，保护人类、动植物的健康，但其在具体实施过程中常常有违等效性、一致性、透明性等原则，从而形成贸易壁垒。

非关税壁垒往往有更强的隐蔽性与歧视性，其效果也较关税壁垒更为直接，所以日渐成为贸易保护措施的重要手段。而技术性贸易壁垒覆盖产品范围广、隐蔽性好，在近年来更是迅速增长。其中，向 WTO 通报的技术性贸易措施的数量在 2012 年达到 2216 条，是 2001 年的近四倍。非关税壁垒已经大大阻碍了国际贸易，以中国为例，据商务部发文，国家质检总局开展的调查结果显示，2012 年，我国约有 23.9% 的出口企业受到国外技术性贸易措施不同程度的影响，导致全年出口贸易直接损失 685 亿美元，直接损失额占同期出口总额的 3.34%。而从出口地区来看，欧盟实施的技术性贸易措施对我国企业出口影响最大，因之产生的直接损失占全年直接损失总额的 32.6%。

另一方面，优化贸易结构。

贸易结构不合理，是困扰中国等发展中国家的一个巨大问题，也是贸易摩擦的诱因之一。发展中国家大量出口劳动密集型、资源密集型产品，而在资本密集型或者资本技术密集型产品上缺乏竞争力。以中国为例，中国的出口产品结构并不合理，在服务贸易上发展缓慢，而在加工贸易品上又过度集中，且部分产业如轻工业的外贸依存度过高，这不但阻碍了一国经济持续健康发展，还很容易招致贸易摩擦。

而另一方面，过大的贸易差额也是产生贸易摩擦的重要原因。2008 年以前，欧盟对中国之间贸易逆差持续扩大，最高时达到了 1600 亿美元。这使得在欧盟内一度出现了支持对中国实行贸易报复的论调，也大大加剧了中欧之间的贸易摩擦的数量与强度。虽然在 2008 年以后，由于欧债危机，中欧之间的贸易差额得到了控制，但过大的贸易差额始终是产生国际贸易摩擦的隐患。正因如此，"一带一路"将以优化贸易结构、促进贸易平衡为重点。

投资便利化是"贸易畅通"的另一重点。与传统的贸易合作模式相比，投资合作对成员方当地市场的冲击较小，并且不仅能通过产业转移、反向技术溢出、产业关联等效应带动当地产业发展、转型升级以及就业，改善当地生活环境以及产业环境，还能促进贸易发展，拓展成员方之间的贸易合作。而现今跨国投资的障碍主要集中在两方面：一方面是缺乏足够有效的双边投资保护协定，以及由各国税制、税法区别所产生的国际双重征税问题。另一方面是投资壁垒，主要可分为准入壁垒、经营壁垒与退出壁垒三种。而投资便利化也应首先从这两方面着手。同时，投资障碍的消除更能够深化国家间经济交流与合作，而通过投资壁垒的消除，"一带一路"沿线各国能够逐步拓展投资领域，深化区域内国家经济合作，构建国际经济合作新局面。

第一，加强双边投资保护协定。

双边投资保护协定一般包含了投资的准入、待遇、机制等一系列重要条款。但目前，发达国家在双边投资协定制定中存在更多的谈判经验和资源优势，发展中国家在缔结协定中存在一定的劣势，如何在寻求外资进行开放的过程中寻找合理的平衡，为权利的维护和争端的解决奠定基础，是现阶段发展中国家所要注意的重要方面。由此加强双边投资保护协定，应该作为投资便利化的第一步。而随着跨国公司越来越成为跨境投资的一种主流模式，国际投资的另一障碍——国际双重征税也逐渐显现了出来。除了少数采取极低甚至不征所得税的"避税港"以外，世界各国都普遍采取了征收所得税的税制。而且各国对所得税征税范围的划定与认定规则不同，所以跨国投资所得常常会由于不同的认定规则而需要同时向母国与东道国进行缴税，这就导致了国际双重征税。而国际双重征税对于跨国投资或者跨国企业无疑是一个巨大的赋税压力，增加了跨境投资失败的风险。

第二，消除投资壁垒。

发展中国家与地区(如印度、墨西哥、东盟等)与发达国家设置投资壁垒的方式有所不同，往往通过国家法律法规，直接限定某些领域为限制或禁止外商投资，同时，也会采取限制外资持股比例或设置当地人员雇佣壁垒等。而发达国家在投资壁垒的设置上则显得较为间接，例如美国，常常以国家安全为由对外资企业进行严格的国家安全审查，从而间接地限制了外商投资进入。而事实上，发达国家的这种投资壁垒往往更难逾越。以中国为例，中国企业对外直接投资由于投资壁垒而导致失败的案例在2007—2011年这五年间共发生了68起，造成了难以估量的损失。而这种种投资壁垒的设置，不仅阻碍了经济合作的深化，更导致了经济潜力被压抑。基于此，"一带一路"建设发出了"加快投资便利化进程，消除投资壁垒"的倡议，同时，中方也积极表态"欢迎各国企业来华投资"。

投资壁垒的产生很大一部分原因是投资保护主义，但还有部分是由于某些外资企业过于追逐短期利益，不顾当地风俗习惯，破坏当地生态环境，未能尽到相关社会责任，引发东道国民众不满，最终使得东道国设置投资壁垒。针对这种情况，中方也进行了积极的表态，《愿景与行动》中特别提到将"促进企业按属地化原则经营管理，积极帮助当地发展经济、增加就业、改善民生，主动承担社会责任，严格保护生物多样性和生态环境"。

第三，推动产能合作。

一方面，以重点跨境产业园区的建设为战略支点推进投资合作，将跨境产业园区打造成"一带一路"经济带上互利合作的典范。另一方面，以产能国际合作为路径推动企业进行有序跨国转移，通过国际产能合作的方式将成员方境内一些产能过剩的行业进行国际转移，从而优化境内与目标方产业结构，带动产业结构的升级，其中产业国际转移的主要内容为产业区域的梯度转移、产业层面的梯度转移以及高耗能高污染产业的梯度转移，而在转移模式上可同时应用美国式的优势产业转移和日本式的边际产业转移，即高端扩展道路和低端扩展道路相结合的路径。

另外，为了应对全球环境恶化，"在投资贸易中突出生态文明理念，加强生态环境、生物多样性和应对气候变化合作，共建绿色丝绸之路"。

(4) 资金融通。金融与经济，好比是一枚硬币的两面。经济的稳定能够促进金融发展，良好的金融环境又能够促进资金在不同地区、产业间合理流动，优化资源配置，提高资源利用效率，为经济发展提供强大的资金支持。"资金融通"力求建立亚洲货币稳定体系、良好的投融资体系、信用体系与监管体系。良好的投融资体系能为"设施联通"顺利开展提供资金保障；稳定的货币体系能为"贸易畅通"扫除障碍；信用体系与监管体系能防范金融危机的发生。《愿景与行动》还指出，应"深化金融合作，推进亚洲货币稳定体系、投融资体系和信用体系建设"，同时"加强金融监管合作"。而"亚洲货币稳定体系"是资金融通的基础，"投融资体系"是资金融通的核心，"加强金融监管合作"与"信用体系建立"是资金融通的保障。

第一，建立亚洲货币稳定体系。

"二战"后"布雷顿森林体系"下的货币安排为战后复苏提供了巨大的金融支撑，然而其体系下的内在矛盾也诱发了战后的多次金融危机。由此可见，合理稳定的货币体系能强有力地推进"一带一路"各成员方的可持续发展。目前"一带一路"的覆盖国家中，欧洲发达国家已经拥有了较为合理的货币体系，而反观亚洲，则缺乏相对完善而稳定的货币体系。因此，"扩大沿线国家双边本币互换、结算的范围和规模"，建立合理稳定的亚洲货币体系、推进人民币国际化以及人民币自由兑换进程势在必行。目前中国已成为世界最大的出口国以及第二大经济体，将人民币特别提款权纳入 IMF 一揽子货币理所应当，如若实行，人民币的国际地位将面临嬗变。与此同时，人民币结算的贸易额占中国全部贸易额的比重已经超过 13%，日均交易额占全球交易总额的 2.2%。据环球银行金融电信协会(SWIFT)统计，2014 年 12 月，人民币成为全球第二大贸易融资货币、第五大支付货币、第六大外汇交易货币。

通过"一带一路"建设，带动人民币"走出去"，加快人民币国际化以及人民币自由兑换进程。

第二，建立良好的投融资体系。

资金融通的主要任务是服务实体经济发展，而良好的投融资体系恰恰是金融服务于实体经济发展的核心。同时，投融资体系的建设应使投融资渠道多样化。一方面，应推动第三方融资平台建立。第三方融资平台融资成本相对较高，但往往操作灵活。在建设过程中，应结合现有的金融合作体系，"深化中国—东盟银行联合体、上合组织银行联合体务实合作"。同时，努力"推进亚洲基础设施投资银行、金砖国家开发银行"筹建，"加快丝路基金组建运营"。另一方面，应大力推动债券市场的开放与发展。债券融资虽然面临着更多的融资约束、更为严格的审核制度，但其一次募集的资金量大，且拥有较低的融资成本。相对于欧美发达国家的投融资体系，亚洲地区融资中债券融资比例要低得多；同时亚洲债券市场存在着严重的分割，无法发挥债券融资的规模优势；另外，作为亚洲主要货币之一的人民币，其相应债券的国际化程度较低，未能充分发挥作用。对此，《愿景与行动》提出，"推动亚洲债券市场的开放和发展"，同时"支持沿线国家政府和信用等级较高的企业以及金融机构在中国境内发行人民币债券，符合条件的中国境内金融机构和企业可以在境外发行人民币债券和外币债券，鼓励在沿线国家使用所筹资金"。

加强金融监管合作。1997 年的亚洲金融危机，对东亚经济产生了几乎毁灭性的影响。2008 年的美国次贷危机，把全球的经济都拖入了萧条的泥沼。事实证明，不论是金融体系相对落后的发展中国家，还是金融体系最为发达的美国，一旦缺乏良好的风险防范机制，金融危机都将悄然而至。同时由于金融合作的加强，金融危机将会以前所未有的强度在各个经济体之间快速传导。也正是基于此，旨在加强风险管理的《巴塞尔协议》已于 2010 年更新为 3.0，进一步降低银行系统的流动性风险，加强抵御金融风险的能力。

加强金融合作，能为"一带一路"建设提供重要支撑。但同时，金融合作的加强也增加了一国的金融危机迅速传导至其他国家的风险，易将沿线国家都卷入其中。而加强金融监管合作，建立完善的信用体系，就显得尤为重要。因此，《愿景与行动》提出，要"加强金融监管合作，逐步在区域内建立高效监管协调机制，完善风险应对和危机处置制度安排，形成应对跨境风险和危机处置的交流合作机制"，以此保障"资金融通"顺利而平稳地推进。

（5）民心相通。习近平总书记在多个外交场合提出，国之交在于民相亲。然而，民心相通的实现面临着不小的挑战，民心相通的实现面临空前挑战。首先，目前对民心相通这一议题的探讨，缺乏全面、深入的思考，对什么是沿线国家的民心、民心相通的义理基础、民心如何才能相通等重大问题欠缺研究，这可能导致民心相通的实践事倍功半。其次，"一带一路"上国家众多，文化差异非常大，尤其是有多样的宗教。一旦中国企业、公民走出去，面对这些国家的国民，如何跟他们打交道，进而把握民心呢？这并非易事。同宗教社会打交道，中国缺乏相关经验，准备不足。再次，从对沿线国的相关研究的现状来看，国内学术界的了解极其有限。国内不缺少对"第三世界"国家普遍特征的宏观研究，却缺少对国别特殊性的扎实研究。"一带一路"涉及的"第三世界"国家如此之多，深入内部对它们进行实地研究的却非常匮乏。最后，随着中国国力的提升，国人的心态也在发生微妙的变化。国人是否愿意进入沿线国人民的生活世界与内心世界，去理解他们、倾听他们的心声？

"一带一路"建设的民心义理。沿线国的民心是什么，如何触动民心，对这些义理基础的深入思考是"民心外交"首先需要思考的重大课题。第一，亚洲价值观与丝路文明的复兴。习近平总书记在 2014 年访问印度发表的演讲中提到，"两国人民数千年来奉行的生活哲理深度相似"。中国驻阿曼大使于福龙表示，中国儒家思想所倡导的"仁、义、礼、智、信"，与阿曼人秉持的"宽容、理解、共存"理念有异曲同工之妙。这些相似的生活哲理、理念的具体表现到底是什么，它们如何影响沿线国家和地区民众的生活，或者说其基础民意是怎样的？对这些问题的探讨就是在触动民心。民心相通的实践中，要重视对沿线国家价值观、文明的研究与发掘。"一带一路"建设的过程中要以同样的热忱去与沿线国家配合复兴各自的文明体系，尤其要深入推进对丝路文明的研究，与沿线国家一起推动其复兴。第二，存亡国，继绝世，补敝起废，王道之大者也。"存亡国，继绝世，补敝起废，王道之大者也"，这是司马迁在《史记》中评价《春秋》提到的一句话，意思是说，保护遗产、修复遗迹、挖掘历史记忆这些做法，最能激发人民的道德诉求，触动民心。"一带一路"沿线国中不少国家同样有悠久的历史，甚或与中国相似的历史记忆。另外，正如学者郑永年所指出的，"随着西方的文化宗教、经济、地缘政治等利益向非西方世界扩张，对非西方世界所有一切的定义权，也牢牢掌握在西方世界。非西方世界一直处于被动局面，要不沉默，要不只是少数人发发牢骚而已。对非西方世界更多的人来说，他们接受的唯一观念，就是西方的就是先进的。学习西方文明，改造甚至抛弃自己的文明，就成为非西方世界的'目的'"。这指出了沿线国如何挖掘自身文化和记忆的重大课题。重振沿线国被压抑、被删除、被排挤的历史文化与记忆，将拨动沿线国民众的心弦，拉近民众的感情。在这方面与沿线国开展合作，潜力很大。第三，文化之间的"参彼己"在推进民心相通的事业中，如何促进沿线国家不同文化之间的互相理解和沟通？司马迁《史记》中以"参彼己"的写法书写匈奴，能够给人们带来启示。它让两种文化的代言人的文本展现出来，让读者包括司马迁自己去理解和解读。在展现汉族和匈奴的不同文化中试图更好地理解匈奴，而不是把华夏文化看作高过"夷狄"，更是一种借匈奴文化认识自己、反观自身文化的表现。当中国企业、媒体、民众去面对沿线国家的民众时，能否也做到"参彼己"呢？实际情况并不乐观。以目前国内媒体对"一带一路"的报道为例，大都是围绕沿线国家热情拥抱"一带一路"的主旋律进行，对沿线国家的其他声音视而不见，这实际上是一种以自身文化和需求为中心的表现，对于真实地掌握沿线国家的民心、民意并无益处。然而，这种情况是较为普遍的。第四，义利并举。《论语·里仁》提到孔子的一句千古箴言："放于利而行，多怨。"这是说，完全从利的角度来行事，一定会招致很多怨言。这七个字蕴含着普天下处理各种复杂关系的深刻道理。具体到"一带一路"民心相通的事业来说，既要重利，也得重义，义利并举。土耳其驻上海领事馆的副领事古珂善在接受浙江大学"一带一路"合作与发展协同创新中心的访谈时说："最近有很多会议邀请我们去，但他们总是在谈'做生意'。不深入了解这个国家的人民和文化的话，做生意也做不好。"在"一带一路"倡议的推进中，不可忽视"义"的一面，需要深度理解沿线国家民意和沿线国文化，以这种"义"去触动人心。那么"利"就不重要吗？《论语·里仁》中指出，"富与贵，是人之所欲也，不以其道得之，不处也"。这是说，要通过正当途径获取利益，以其道得之。

(6) 民心相通。首先需要不同文化的彼此理解，其次是文化沟通。对彼此文化的理解是顺畅沟通的前提。没有对他国文化的理解，沟通势必困难重重。

就文化理解来说，它既包括沿线国家对中国文化的理解，也包括中国对沿线国家文化的理解。这种不同文化的彼此理解，不应只是中国文化的单向输出、展示推广，让他国配合中国、了解中国，更需要的是中国普通人如何理解他国。这是今天面临的更大的挑战。从目前民心相通的实践来看，促进国外对中国文化的理解是国家投入的重点。民心相通的落实在于文化沟通。民心相通必然要落实在各种各样的人际交往与互动中，落实在海外工程建设、商贸投资、外交、休闲旅游、移民、跨国婚姻等具体活动中。这不仅意味着加强与沿线国的人文交流，也要在民心相通的高度去把握各种领域、各种群体的交往。比如海外的华人华侨所带来的文化沟通便是典型案例。文化沟通，务必有所准备。各种跨文化沟通能力的教育与培训是应有之义，需形成行之有效的对相关派出人员(尤其是派驻海外的人员)进行培训的课程与教育的机制，并能实质性地为对外交流的企事业员工进行针对性的培训。巴基斯坦驻上海领事法哈特女士曾建议："送公司、员工到国外之前，中国政府应该要培训他们，让他们尊重所在国的文化。他们就是中国的形象。中国应该认真地思考这个问题，使中国人为全球化做好准备。"

民心相通的实现需要政府的新公共外交。"一带一路"倡议的推进，是一个中国与沿线国家打造"命运共同体"的进程，必然要求在战略高度重视沿线国家的民意基础。民心相通的实现，仅仅依靠传统的公共外交是不够的。推动公共外交的创新，有必要站在跨文化的角度上，对人类共同认知的民心义理与具有文化特殊性的民心土壤做深入剖析，并在此基础上由政府主导建立新型公共外交的机制相关策略，把沿线国家的民意基础纳入"一带一路"各项事务的部署中。这种公共外交依靠的是渗透式的文化外交以及人民之间的往来，因此更重视包括商界、非政府组织、媒体、大学、智库、普通公众等多方面力量共同参与。政府层面需要制定可落实的战略，提出支持平台、支持政策等。此外，政府需要在这样的新公共外交的高度上进行民心相通的活动设计，或为相关的活动提供支持。例如：加大支持力度，鼓励高校在考古援助、文化遗产、历史等多方面与沿线国家高校形成合作平台，共同挖掘沿线国长期被西方中心主义思维排挤、压制的记忆与文化；设立若干跨文化沟通的培训基地，形成外交人员、派驻海外的企业商务人员、工人、导游的跨文化培训机制和培训体系；在学术界增加研究投入和研究项目，加强区域研究，派出研究团队深入不同的沿线国家进行民族研究，出版一系列基于文化深度描写的学术专著、教材等；设立若干科研平台，将分散在全国各高校、科研院所的对沿线国家进行研究的人才整合在一起，形成对"一带一路"沿线国家研究的人才库；创立平台，将长期在沿线国家生活，具有交流经验的华侨，以及在中国生活的沿线国的民众，作为人脉吸收到"一带一路"的建设中来，实现民心相通的主力在民间。

三、美国 TPP 战略基本特征与中国"一带一路"战略的发展历程

1. 美国 TPP 战略基本特征

1) TPP 是经济规模最大的自贸区

TPP 成员国在地理范围跨度大，连接了亚洲、北美洲、拉丁美洲和大洋洲，并且各成员国环绕太平洋。2013 年，12 个 TPP 协议的成员国的经济总量之和为 270968.93 亿美元，约占全球经济总量的 35%，是经济规模最大的区域化自由贸易区。有一些国家也表示对加入 TPP 的兴趣，比如哥伦比亚；还有一些国家也密切关注着 TPP 的动向，比如中国。TPP 覆盖范围和其经济规模正在显现出增大的趋势。

2) TPP 是一个全面的、高标准的协议

TPP 谈判是一个全面的、高标准的协议，包括广泛的贸易和贸易相关的问题。TPP 的全面体现在它包含的内容十分广泛，不仅包括货物贸易，还包括了服务贸易、农业、知识产权、原产地规则、竞争政策、技术贸易壁垒等议题。作为一个最大的自贸区谈判，TPP 汇集了一个大型的、正在扩大的代表多层次、不同发展水平的国家集团。TPP 协议的成员国的目标是为了在亚太地区提供一个 21 世纪高标准高规则的自由与高规则贸易协议。它的高标准主要体现在其市场准入水平很高；知识产权保护强度高；劳工标准高；竞争政策严密度高；环境标准高；争端解决机制的约束力强度高。TPP 试图建立国际贸易的新规则，比其他区域性自由贸易协议拥有更高的谈判水准。需要认识到，新的规则主要是根据美国的贸易条件而设定的，这就会给 TPP 其他成员国，尤其是发展中国家带来压力，因此，谈判的时间也会拉长。日本宣布加入 TPP 后，因其经济实力与发言权，谈判就更难快速达成一致。这种高标准的协议何时能谈判完成也面临着诸多困难。

3) TPP 是有弹性和开放性的协议

TPP 协议被设想为一个"活协议",是一个对愿意签署承诺、解决新问题的新到成员开放的协议。比如,日本同意就牛肉、汽车和保险行业谈判,得以成为 TPP 谈判国。还有很多是 TPP 谈判的候选国和地区,如经济发达的中国台湾、中等收入的具有经济活力的泰国或菲律宾。另外,还有亚太经合组织之外的哥伦比亚、哥斯达黎加等国家和地区也对加入TPP表达了兴趣。

2. "一带一路"的发展历程

1) 启动战略

中国提出两个符合欧亚大陆经济整合的大战略:丝绸之路经济带战略、21 世纪海上丝绸之路经济带战略,即"一带一路"战略。

丝绸之路经济带战略涵盖东南亚经济整合、涵盖东北亚经济整合,并最终融合在一起通向欧洲,形成欧亚大陆经济整合的大趋势。21 世纪海上丝绸之路经济带战略从海上联通欧亚非三个大陆和丝绸之路经济带战略形成一个海上、陆地的闭环。

边境地区作为连接中国与众多邻国的门户和纽带,在"一带一路"建设中具有独特的地位和作用。边境地区的和平稳定是"一带一路"建设向前推进的必要前提和保障。中国已同除印度、不丹外的 12 个陆上邻国解决了边界问题,未划定的中印、中不边界地区也总体保持稳定安宁。中国边境地区整体状况处于历史最好时期,邻国与中国加强合作的意愿普遍上升。

边境地区互联互通是"一带一路"建设的依托。边境口岸作为通道节点,在中国对外开放中的前沿窗口作用显现。中国开展亚洲公路网、泛亚铁路网规划和建设,与东北亚、中亚、南亚及东南亚国家开通公路 13 条,铁路 8 条。此外,油气管道、跨界桥梁、输电线路、光缆传输系统等基础设施建设也取得成果。这些设施建设,为"一带一路"打下物质基础。其中最重要也是最现实可行的通道路线是:连接东北亚和欧盟这两个当今世界最发达经济体区域的以长吉图开发开放先导区为主体和中心的日本,韩国—日本海—扎鲁比诺港—珲春—吉林—长春—白城—蒙古国—俄罗斯—欧盟的高铁和高速公路规划。

2014 年 8 月,习近平出访蒙古国时,表示欢迎周边国家"搭便车"。

2015 年 5 月,习近平访哈俄白三国"一带一路"再发力。中国国家主席习近平 2015 年 5 月 7 日开启对欧亚三国的访问,首站抵达哈萨克斯坦。习近平是纳扎尔巴耶夫再次当选哈萨克斯坦总统后,首位访哈的外国领导人。哈萨克斯坦媒体称,这表明哈中关系进入"史上最密切时期"。一些外媒认为,习近平此次访哈可视作是"丝绸之路经济带"的落实之旅,将进一步助推"一带一路"的建设。

2) 敲定省份

"一带一路"敲定省份包括新疆、陕西、甘肃、宁夏、青海、内蒙古等西北的 6 省,黑龙江、吉林、辽宁等东北 3 省,广西、云南、西藏等西南 3 省,上海、福建、广东、浙江、海南等 5 省，内陆地区则是重庆、河南。

3) 丝路新图

北线 A：北美洲(美国，加拿大)—北太平洋—日本、韩国—东海(日本海)—海参崴(扎鲁比诺港、斯拉夫扬卡等)—珲春—延吉—吉林—长春—蒙古国—俄罗斯—欧洲(北欧、中欧、东欧、西欧、南欧)。

北线 B：北京—俄罗斯—德国—北欧。

中线：北京—郑州—西安—乌鲁木齐—阿富汗—哈萨克斯坦—匈牙利—巴黎。

南线：泉州—福州—广州—海口—北海—河内—吉隆坡—雅加达—科伦坡—加尔各答—内罗毕—雅典—威尼斯。

中心线：连云港—郑州—西安—兰州—新疆—中亚—欧洲。

4) 安排部署

2013 年 9 月和 10 月，习近平总书记在出访中亚和东南亚国家期间，先后提出共建"丝绸之路经济带"和"21 世纪海上丝绸之路"的重大倡议。

2015 年 2 月 1 日推进"一带一路"建设工作会议在北京召开。中共中央政治局常委、国务院副总理张高丽主持会议并讲话。

2015 年博鳌亚洲论坛开幕式上，习近平发表主旨演讲，表示"一带一路"建设不是要替代现有地区合作机制和倡议，而是要在已有基础上，推动沿线各国实现经济战略相互对接、优势互补。

四、美国 TPP 战略与中国"一带一路"战略的影响和作用

1. 美国 TPP 战略与中国"一带一路"战略意义及影响

1) TPP 协议对中国的影响

TPP 协议的谈判作为美国"重返亚太"的重要战略，必然是对中国这个 GDP 在亚洲排名第一的经济体进行遏制，平衡中国与日本在亚洲的力量，以及美国如何继续主导亚太地区的谋略。

第一，贸易创造与贸易转移。

贸易创造是指贸易同盟成员国之间取消相互的关税，区域内实现自由贸易，生产成本低的国家的商品就会取代生产成本高的国家的商品，同盟成员国中低价的商品替代高价的商品，同盟国间的贸易即被创造出来。贸易转移是指同盟成员国间对内取消关税，对成员国以外的非成员国实行关税壁垒。同盟国将原来与非成员国进口的低价格的产品转换为从同盟国区域内进口相对较高的价格的产品，从而产生贸易转移。贸易转移使得高成本、高价格的商品生产扩大，低成本、低价格的商品生产缩小甚至消失。从资源配置效率来看，贸易转移是负效应的贸易现象。TPP 成员国之间实行零关税和消除贸易壁垒政策，成员国内部的贸易成本将得以降低。这意味着，原来从中国

进口的部分产品将会在 TPP 成员国之间进行。拉美与亚洲一些新兴经济体和发展中国家与中国的产业结构、资源禀赋比较相似，产品替代性较高，有些方面甚至比中国更具有优势，比如随着中国人口红利的消失，越南的劳动密集型产品在出口上越来越具有竞争力。这些国家可能将会成为美国、日本等发达国家的自然资源与制造业产品的供应地，势必会造成从中国进口的需求，形成贸易转移。

第二，新规则对中国的负面影响。

TPP 是高标准、高水平的国际贸易协议，包含所有货物、服务贸易，很可能将成为未来亚太自贸区贸易规则的重要基础。TPP 的高标准、知识产权、原产地规则和零关税等，使得 TPP 各成员国对其内部的保护更加严格，这些技术性贸易壁垒将会使 TPP 各成员国经济结构和贸易结构发生重大变化，TPP 成员国之间为了实现高标准的贸易规则，发达国家可能会在区域内部进行高新技术的转移，发展中国家的生产技术、产品竞争力将会大大提高。但中国却不能得到其中的益处，因为被排斥在外，反倒难以分享这些高新技术、高端生产链和优秀的管理方法，这会对中国的出口贸易与经济发展造成负面影响。以中国现在的经济发展水平来看，TPP 协议中提出的很多要求中国还不能达到或者在短期内难以达到。如果中国要跟随 TPP 国家实行这些高标准，生产线上生产的产品不能符合其高标准，出口受到影响后，将会引起制造业和一些高新产业的迅速衰落。如果 TPP 协议中对国有企业的"竞争中立"原则在中国实行，更是会在短期内让中国的经济战略布局严重错乱，不但不能使中国的产业得到升级，还会影响国家经济安全。原产地规则、知识产权和动植物检疫与技术性贸易壁垒等规则也会使 TPP 成员国对中国产品的需求降低，TPP 成员国内部可以出口这些符合高标准的产品，并且由于没有关税和贸易壁垒，其价格还低于中国，这就间接限制了中国对 TPP 成员国家的出口，改变中国的出口模式。目前中国没有加入 TPP 的动向，TPP 成员国也没有要接纳中国加入的意向。对中国来说，游离在 TPP 之外，而又不得不承受 TPP 各个成员国与中国发生贸易关系时，受到 TPP 协议新的规则的制约以及高标准中的一些歧视性规则的不利影响，使中国处于比较被动的地位。

第三，TPP 协议对中国经济发展的正面影响。

虽然 TPP 协议对中国的出口贸易产生了诸多不利影响，但是 TPP 的许多新规则是中国未来改革的方向和目标，比如知识产权、动植物检疫与技术性贸易壁垒和国有企业改革等。首先，有些规则是中国当前经济发展所迫切需要改革的目标，中国可以借助国际贸易发展的风向标倒逼中国国内的经济改革，同时借鉴 TPP 成员国改革的经验，提出适合中国改革的方式，以减少改革成本。其次，有些规则是中国当前没有能力实现的目标，却是中国将来改革发展的方向与目的。TPP 对中国出口产业产生冲击，可能会使中国提前考虑对受到冲击领域的下一步发展，原本打算滞后一些的产业改革与升级将会提前提上日程，这对中国经济改革起着促进作用。最后，中国的改革与发展已经进入一个比较稳定的时期，现今需要更多的是经济结构的调整，然而调整经济结构的方法与目标在有些领域还未见明晰。因此，TPP 协议的谈判也使中国在调整经济结构时预见到更多的可能性与实践性，对中国的改革与发展起着一个良好的指引与示范作用。

2）中国应对 TPP 的政策建议

长期来看，TPP 协议提出的很多议题都基本符合中国经济长远发展的利益。中国与 TPP 的主要国家贸易往来密切，即使中国不是 TPP 的成员，也要被迫接受 TPP 协议新制定的规则。从这个角度来看，中国必须通过组织自己的贸易集团，来抗衡以美国为主导的 TPP，从而表明中国的态度，完成中国在世界贸易格局中的战略部署。中国已经是世界第二大经济体，完全有实力充分利用自身的市场优势，建立"中国(上海)自由贸易试验区"(简称上海自贸区)等一系列自由贸易试验区，"丝绸之路经济带"和"21 世纪海上丝绸之路"(简称"一带一路")。上海自贸区等自由贸易试验区和"一带一路"培育中国面向全球的竞争新优势，积极构建中国与世界各国合作与发展的新的平台，为经济发展拓展新的空间。

第一，上海、广东、天津、福建自贸区的建设。

TPP 与 TTIP 的谈判完成后，将会加速全球贸易格局的重构，在这样的背景下，从国家战略的角度出发，通过"政策试错"的方式，积极探索中国经济更深一步的改革，并将其中成功的经验推广到全国。因此，自贸区的建设肩负着国际意义，其推行更高标准的贸易自由化、推进投资自由化和加强服务贸易自由化的动向，就是为了与美国等发达国家开展相关谈判提供实证样本和依据参考，进而为中国经济改革与发展提供经验，为我国参与国际规则的制定提供有力支撑。通过自贸区的实践，缩短自贸区内与发达国家在经济和制度上的距离，以开放的方式促进国内经济结构与经济体制的改革。利用上海自贸区建设的经验，在全国推广各个自贸区的建设，是中国主动对接全球化经济新格局的重大举措，推动中国的经济转型。目前，中国已经在上海、广东、天津、福建建设了自贸区，还有其他城市也在申请自贸区的设立。将在自由贸易试验区实践获得的有利于深化改革的政策和经验推广到全国，减少在全国实行这些政策所带来的负面影响。从自贸区发展的一些核心问题可以看出，其中的负面清单、备案制和准入前国民待遇等，与 TPP 协议中提出的一些议题是相符合的，也表示了这里未来世界贸易所需要的新规则。通过在中国境内的自贸区的试验的建设，为冲破美国等发达国家对世界贸易格局的主导作出努力，在国际贸易新格局的构建中，掌握更多的主动权。

第二，"一带一路"的合作战略。

中国提出并建设的"一带一路"既涉及西欧等发达国家，也涉及东南亚、西亚和非洲等发展中国家。为了构建全方位对外开放的新格局和国际合作新架构，中国实施的"一带一路"合作战略，应对由美国主导的 TPP 协议所带来的挑战，更为主动地实施开放性政策。TPP 协议的实行会削弱中国对周边国家的影响力，"一带一路"合作战略可以深化中国与东亚和东南亚的经济贸易合作，增强中国对周边国家的影响力，推动亚洲经济相互促进。另外，为了化解 TPP 和 TTIP 对中国在政治上的压力，"一带一路"合作战略构建亚欧经济一体化发展的新机制，积极发挥我国在国际经济与贸易合作中的作用，提升中国与亚洲、欧洲等国家和地区在经济与文化等各个方面的互动，促进"丝绸之路经济带"和"21 世纪海上丝绸之路"沿线地区和国家间的利益共同体的形成，建设由中国自己提出的新的国际战略架构。

"一带一路"建设构建起互惠互利的区域性贸易与投资，依托其发展，发挥我国在区域经济合作中的引领作用，有利于为沿线的国家和地区经济发展助力，推进国际区域经济的分工与合作。

中国的经济发展面临着新的挑战，人口红利时代也将要过去，不能继续以高能耗高投资的传统发展方式来带动中国经济发展，这种发展方式也不是可持续的。通过"一带一路"合作战略，中国企业可以扩大对外投资，推动劳动密集型产业和过剩产业向外转移，抓住全球资源配置功能，提升国内出口产品层次，提升在全球产业链中的地位，通过高新技术与管理手段，提高产品核心价值，获取更多利益。

3) "一带一路"的战略机制平台

(1) 政民共举。在"一带一路"倡议的推进中，政府和民间共同努力推进与"一带一路"沿线国的沟通与合作至关重要。首先，政府的角色要扮演好。其次，高校、智库、媒体、民间组织、文化遗产界、旅游界等各类民间主体可以立足本领域，发挥自身优势，参与"一带一路"的对外交流合作。

(2) 明确政府的角色。在与"一带一路"沿线国家全方位的对外交流格局中，政府扮演着非常重要的角色。首先是顶层设计。政府需要明确国家各部委、各地方和各类民间主体的角色，通过出台规划、搭建平台和提供服务，促使各方面参与"一带一路"的积极性迸发出来，又要避免恶性竞争。其次是机制整合。"在规划'一带一路'的过程中，要积极推动中央和地方各种机制之间的整合、国内机制和国际机制的整合、区域次区域以及跨区域的机制整合，防止相互之间撞车，盘活现有资源，开发新的增长点。"最后是加强统筹协调，由政府牵头在宏观层面上建立政府和民间各类主体的沟通协作机制和信息共享平台。

(3) 释放民间的活力。推进"一带一路"建设，除了政府的作用，更需要发挥民间各类主体的活力。以下分别以高校、智库、媒体、民间组织、文化遗产界、旅游界等为例来说明。

第一，发挥高校、智库的优势。

高校及智库在对外交流合作中有较丰富的经验，可以率先开展面向"一带一路"沿线国家的交流与合作。目前国内高校已有部分尝试，例如由西安交通大学发起的"新丝绸之路大学联盟"，联盟内部高校将共建教育合作平台，在校际交流、人才培养、科研合作、文化沟通等方面开展形式多样的友好合作。宁夏大学成立了国内首家阿拉伯学院，并举办了首期阿拉伯国家大使论坛，以构建中阿更高层面的合作。

在人才培养方面，高校可以结合自身优势，为"一带一路"建设培养人才。例如，设计针对"一带一路"沿线国家政、商、学界高端人士的学位精品培训项目，在沿线国家精英层培养更多"知华派"和"友华派"。国内北京大学、浙江大学等高校已经开设了面向亚洲国家的硕士点项目。

中国的智库"是以战略问题和公共政策为主要研究对象、以服务党和政府科学民主依法决策为宗旨的非营利性研究咨询机构"，是国家软实力的重要组成部分，共建"一带一路"，智库能够发挥重要作用：可以加强与"一带一路"沿线国家智库的交流，推动政策的沟通。与沿线国家智库开展涉及"一带一路"的合作研究项目，通过人员交流增进相互了解，通过联合研讨凝聚各方共识，通过合作研究寻找利益切合点。还可以主动地解读"一带一路"倡议，增进沿线国家民众对这一倡议的全面理解，将研究成果在社会和媒体上公开发表，对舆论发声，对社会发声，主动塑造积极友好的社会民意基础。

第二，促进沿线国媒体的合作。

与沿线国家媒体的合作也有广阔的空间，而且变得非常迫切。首先是因为长期以来，西方媒体占据着国际媒体的话语权，导致整个世界看待中国和其他沿线国家的方式由西方媒体背后的价值观所主导。其次，沿线国家相互之间除了西方媒体披露报道的信息之外，少有其他相互了解的途径。

面对这两种现实状况，国内媒体和沿线国家媒体合作的空间非常广阔，可以形成以下合作机制：首先，沿线国家媒体可以形成一个协同创新的平台，联合起来，自主发声，在这样一个平台上，各国可以互相学习彼此在国际传播上的经验，促进各国媒体策划团队的合作。其次，搭建"一带一路"沿海国家优秀文化作品的传播和交流的平台，向海外输出中国优秀电视节目出版物、展览展会活动、戏剧演出等优秀文化的作品。同时，引进"一带一路"沿线国家优秀文化、创意合作的平台。

第三，发挥民间组织的独特作用。

社会组织在"一带一路"建设中可以扮演这样几个重要的角色。首先，社会组织应该是"一带一路"建设的先行者。在投资之前社会组织要做大量的调研工作，要去探路，要去沟通，要去探讨是否可行。在这些任务中，社会组织可以起到非常重要的作用。其次，社会组织应该是"一带一路"建设的护航者。很多问题要防患于未然，可以依靠社会组织去沟通，去消除误解，去化解矛盾。再次，社会组织应该是"一带一路"建设的提升者。所谓提升，是将经济合作的成果提升到政治互信和社会互信的层面上。比如我们做了很多援建的工作，但是往往做工程做的多，社会工作做的少，导致很多时候做了事、花了钱却没有被社会认同。因此需要大量社会组织的工作，把"一带一路"建设的意义提升起来。

第四，推进文化遗产界的合作。

"一带一路"倡议是基于丝绸之路和海上丝绸之路的历史记忆提出的，"一带一路"上丰富的文化遗产在这一倡议的实施中必然占有重要地位。当前，国际文化遗产学界认识到，通过国家之间共同享有遗产的交流、合作、合作管理，形成长久的合作机制，将有效地增进国家之间、地区之间的互信，扩大共同利益，形成有特色的外交。中国、哈萨克斯坦、吉尔吉斯斯坦联合申报的"丝绸之路"项目成功入选《世界遗产名录》就是生动的案例。与其他人文交流方式相比，这样的合作机制是长久的，可谓"润物细无声"。

"一带一路"丰富的文化遗产一旦激活，将触动人心，影响当下。前中东问题特使吴思科以中东的卡塔尔和阿曼为例，建议重视丝绸之路的文化符号。他说，卡塔尔外交大臣访华期间曾经对王毅外长说，"一带一路"的提出最容易拨动我们两国人的心弦。阿曼则提出要在郑和下西洋时曾经七次到过的塞拉莱港建立一座郑和纪念园区。

文化遗产学界可以在以下几个方面，推进和"一带一路"沿线国家的文化遗产界合作，促进沿线国家相亲相知：和丝路沿线国家的文化遗产界、博物馆界合作，举办丝路遗产的联合展览；邀请丝绸之路沿线国外交官举办"丝绸之路文化遗产论坛"等；联合沿线国家学者，挖掘丝绸之路背后不同文明友好交往的历史，叙述出文化遗产背后的遗产意义。正如习近平总书记所言："对待不同文明，不能只满足于欣赏它们产生的精美物件，更应该去领略其中包含的人文精神。"

第五，加强沿线国旅游界的合作。

旅游界与"一带一路"沿线国家的合作，可以拓宽合作渠道，带动民众的直接交流。可以在以下方面与沿线国家相关部门沟通，形成新的合作机制与平台，探索建立新的区域合作模式。各省市地区结合自身优势、资源，合理规划，以开放、合作、共赢的发展理念加强与沿线国的交流合作，形成合作联盟。丝绸之路文化遗产众多、民族文化多元、自然资源独特，这都是很好的旅游资源。可以通过互办旅游推广周、宣传月等活动，促进多方旅游客源互送，进一步推动旅游产业共赢发展；可以探索在陆上、海上旅游圈内便利简化签证手续；可以与东盟相关国家加强海上旅游合作，打造海上丝绸之路国际精品旅游线路。

第六，合作机制。

当前，世界经济融合加速发展，区域合作方兴未艾。积极利用现有双多边合作机制，推动"一带一路"建设，促进区域合作蓬勃发展。加强双边合作，开展多层次、多渠道沟通磋商，推动双边关系全面发展。推动签署合作备忘录或合作规划，建设一批双边合作示范。建立完善双边联合工作机制，研究推进"一带一路"建设的实施方案、行动路线图。充分发挥现有联委会、协委会、指导委员会、管理委员会等双边机制作用，协调推动合作项目实施。

强化多边合作机制作用，发挥上海合作组织(The Shanghai Cooperation Organization，SCO)、中国—东盟"10+1"、亚太经合组织(Asia-Pacific Economic Cooperation，APEC)、亚欧会议(Asia-Europe Meeting，ASEM)、亚洲合作对话(Asia Cooperation Dialogue，ACD)、亚信会议(Conference on Interaction and Confidence-Building Measures in Asia，CICA)、中阿合作论坛、中国—海合会战略对话、大湄公河次区域经济合作、中亚区域经济合作(Central Asia Regional Economic Cooperation，CAREC)等现有多边合作机制作用，相关国家加强沟通，让更多国家和地区参与"一带一路"的建设。

继续发挥沿线各国区域、次区域相关国际论坛、展会以及博鳌亚洲论坛、中国—东盟博览会、中国—亚欧博览会、欧亚经济论坛、中国国际投资贸易洽谈会，以及中国—南亚博览会、中国—阿拉伯博览会、中国西部国际博览会、中国—俄罗斯博览会、南海合作论坛等平台的建设性作用。支持沿线国家地方、民间挖掘"一带一路"历史文化遗产，联合举办专项投资、贸易、文化交流活动，办好丝绸之路(敦煌)国际文化博览会、丝绸之路国际电影节和图书展。

交流平台。"一带一路"倡议的推进需要良好的大国关系作为宏观层面的重要保障，也需要通过双边多边机制协调各国关系作为中观层面的条件，更需要建设各种平台作为微观支撑。微观平台是"一带一路"倡议能够落地生根，成长壮大的关键。美好愿景，只有通过切实可行的实践，才能变成现实。

立足现实，充分利用现有平台。当前一些区域平台已经建立起来，推进"一带一路"倡议，首先要发挥好已经存在的平台的作用。例如，中国—阿拉伯博览会(原中阿经贸论坛)自2010年以来，已在宁夏成功举办四届，得到了包括阿拉伯国家及其他穆斯林地区在内的丝绸之路经济带沿线国家的广泛欢迎，正在成为国家推进和落实中阿务实合作的重要平台。中国—东盟博览会已经成功举办了10届，是由中国和东盟10国经贸主管部门及东盟秘书处共同主办的经贸交流盛会，涵盖商品贸易、投资合作和服务贸易三大内容，是双方扩大商贸合作的新平台。

博鳌亚洲论坛、中国—东盟博览会、中国—亚欧博览会、欧亚经济论坛、中国国际投资贸易洽谈会，以及中国—南亚博览会、中国—阿拉伯博览会、中国西部国际博览会、中国—俄罗斯博览会、前海合作论坛等，可以承担起区域内国家共同发展的部分职能。

着眼未来，加强区域平台建设。"一带一路"倡议真正能够成长壮大的关键在于区域平台的建设和维护。还需要着眼于未来共同发展的目标，建立起包括大量沿线国家政府和企业参与的平台，利益共享，责任共担。

首先，资本平台。兵马未动，粮草先行，要实现共同发展不仅需要大量资金投入来进行基础设施建设，也需要大量资金支持区域内企业发展。当前，"一带一路"倡议主要有七个资金平台，分别是：亚投行、丝路基金、中国—欧亚经济合作基金、亚洲区域合作专项资金、中国—东盟海上合作基金、中国—东盟投资合作基金、周边友好交流专业基金，属于政府层面的非营利性平台。共商、共建、共赢，最终的落脚点在于共同发展并使发展成果惠及沿线国家民众。未来可以设立政府间合作的投资基金，寻求投资收益；建立相互联通的资本证券市场，建立相互联通的融资市场。除了政府层面的平台之外，丝绸之路历史文化需要得到保护和共同开发、沿线各国环境需要受到保护、女性教育问题需要重视，这些都可以通过设立专门的非营利性基金来推动和解决。

其次，民间交往平台。"一带一路"建设在创设新平台、推进经贸合作的同时，也需要更多的、旨在促进民心相通的民间交往平台。2013 年，由中国民间组织国际交流促进会举办的"中国—东南亚民间高端对话会"就是这样的一个例子，对话会为中国和东南亚地区各国的民间交流与合作搭建了新平台，通过聚集民间力量，形成了中国和东南亚国家民间友好交流机制。此外，"一带一路"沿线涉及 60 多个国家，生活在其中的 4500 万华人华侨，是中国和沿线国家互通有无的重要力量。目前急需创设新的平台，整合这些力量，共同推进"一带一路"建设。

再次，教育合作平台。中国和沿线国家在教育领域已经创设了一些平台，以促进中国和沿线国家的教育合作。例如，为促进中国和东盟教育合作，中国—东盟中心搭建了中国—东盟教育文化中心、中国—东盟教育交流周和东南亚教育扩大会议组织三个平台，有力地推动了中国和东盟教育合作。在发挥已有平台作用的同时，国内政府、高校可以主动创设新的平台，促进沿线国家人民的友好往来，为"一带一路"培养更多的后备人才。国内高校也可以以丝路遗产为合作主题，和丝路沿线国家的文化遗产界、博物馆界合作，举办丝路遗产的联合展览，邀请丝绸之路沿线国文化遗产界学者、外交官举办"丝绸之路文化遗产论坛"等。

最后，信息发布和交流平台。为落实"一带一路"倡议，工业和信息化部参与制定的《周边国家互联互通基础设施建设规划》即将发布，对中国与周边国家的信息高速公路建设作了规则，以全力打造"数字丝绸之路"。为了促进沿线国家的相知相亲，可以建立更多的信息发布平台。可以借鉴中阿合作中设立门户网站。中国—阿拉伯国家综合门户的做法——设立门户网站，以增进相互了解、加强宣传、树立形象。

突出特色，加强国内平台建设。近年来，中国国内也创设了多种多样的平台，为"一带一路"建设增添了更多助力。

首先，自贸区建设方兴未艾。中国已经构建了国内参与"一带一路"的经贸平台，目前已有四个自贸区，分别是上海自贸区、广东自贸区、天津自贸区、福建自贸区，而陕西、新疆等地都在积极申报成为第三批自贸区。

其次，地方政府创设特色平台。从内陆到边疆，各地方正在积极发掘自身优势，为更加深入地参与"一带一路"建设做准备。如云南省通过自身区位优势，依托数量庞大的云南籍华侨，凭借"南博会"这一特殊桥梁，加快对外开放脚步，密切与周边国家和"一带一路"沿线国家的互通互荣；天津市则通过"侨洽会"搭建华侨华人融入"一带一路"建设的平台。未来需要更多的地方政府主动思考，建立新的平台，推进与沿线国家的合作。

最后，认真建设各类商业平台。广交会、义博会已经是具有国际影响力的大型商业会展。来自世界各地的客商云集广州、义乌，互通商情，增进友谊。每年中国举办的类似各种展会有200余次，对密切各国经贸往来起到了极大的促进作用。今后还可以有针对性地联合举办专项投资、贸易、文化交流活动，促进沿线国家往来。

4) 中国"一带一路"战略意义

新的历史时期，面对复苏乏力的全球经济形势和纷繁复杂的国际局势，中国提出"一带一路"战略构想，这既是对丝绸之路精神的传承和弘扬，更是根据国内国际形势深刻变化，统筹国内国际两个大局，推动构建以合作共赢为核心的新型国际关系，推动国际秩序和国际体系向更加公正合理方向发展，推动建设人类命运共同体作出的重大决策，对于我国构建更高层次的开放型经济新体制，形成全方位开放新格局，具有重大深远的意义。

充分认识"一带一路"战略的重要意义，需要准确把握国际国内形势变化以及中国与世界关系的变化。从国际上看，经济全球化深入发展，区域经济一体化加速推进，各国间相互依存程度不断加深，国际社会正在成为一个你中有我、我中有你的命运共同体。全球经济增长和贸易投资格局酝酿深刻调整，亚欧国家处于经济转型升级的关键阶段，国际社会希望找到新的经济增长点，进一步激发区域发展活力与合作潜力。从国内看，经过30多年改革开放，中国经济发展取得显著成就，成为世界第二大经济体、第一大货物贸易国、第一大外汇储备国和第三大对外投资国。2014年中国境外投资额达到1400亿美元，首次成为资本净输出国。未来5年，中国对外投资将超过5000亿美元，将进口10万亿美元商品，出入境人数将达到5亿人次。中国与世界的关系也发生了历史性变化。中国成为当今世界经济增长的重要发动机、国际体系和国际秩序的积极参与者和建设者，世界更加看好也更加需要中国。据估计，今后20年内，全球需要57万亿美元投资于电力、公路、港口和供水等基础设施。根据亚洲开发银行统计，到2020年亚洲各国国内基础设施投资需要8万亿美元。目前，世界银行的实收资本为2200亿美元，亚洲开发银行未偿贷款仅有530亿美元，这对全球和亚洲的基础设施建设大量资金需求而言，简直是杯水车薪。而中国充裕的资金和技术无疑是一些国家所需要的。

在经济全球化背景下，中国经济和世界经济高度关联，推进"一带一路"建设既是加强与亚欧非及世界各国互利合作的需要，也是中国扩大和深化对外开放的需要。一方面，共建"一带一路"，顺应了世界多极化、经济全球化、社会信息化的潮流，有利于促进经济要素有序自由流动、资源高效配置和市场深度融合，推动沿线各国实现经济政策协调，维护全球自由贸易体系和开放型世界经济。另一方面，中国比以往更为需要也更有能力统筹国内国际两个大局、两个市场、两种资源，推动对内对外开放相互促进，构建开放型经济新体制，形成互利共赢的区域和全球经济布局。"一带一路"有助于解决我国对外开放过程中出现的"东快西慢""海强陆弱"的问题，有助于我国从全球视野考虑价值链、供应链、产业链、能源链发展，构建海陆统筹、东西互济、面向全球的开放新格局，有助于保障我国能源安全、资源安全和经济安全。

5）"一带一路"建设取得阶段性成果

2014 年 11 月 8 日，习近平主席在加强互联互通伙伴关系对话会的讲话指出，"互联互通"应该是基础设施、规章制度、人员交流三位一体，应该是政策沟通、设施联通、贸易畅通、资金融通、民心相通五大领域齐头并进，是全方位、立体化、网络状的大联通，是生机勃勃、群策群力的开放系统。"一带一路"与互联互通相融相近、相辅相成。如果将"一带一路"比喻为亚洲腾飞的两只翅膀，那么互联互通就是两只翅膀的血脉经络。习近平主席对加强互联互通提出了五点建议：第一，以亚洲国家为重点方向，率先实现亚洲互联互通；第二，以经济走廊为依托，建立亚洲互联互通的基本框架；第三，以交通基础设施为突破，实现亚洲互联互通的早期收获；第四，以建设融资平台为抓手，打破亚洲互联互通的瓶颈；第五，以人文交流为纽带，夯实亚洲互联互通的社会根基。未来 5 年，中国将为周边国家提供 2 万个互联互通领域培训名额。为了更好地推进"一带一路"建设，中国政府在国家层面成立了推进"一带一路"建设工作领导小组。领导小组办公室统筹推进"一带一路"的各项工作，并取得了阶段性成果。

（1）在政策沟通方面，中方与沿线国家签署了一系列合作框架协议。与俄罗斯签署了《关于丝绸之路经济带建设与欧亚经济联盟建设对接合作的联合声明》，与塔吉克斯坦、哈萨克斯坦、吉尔吉斯斯坦、卡塔尔签署了共建"一带一路"合作备忘录，与科威特签署了共同推进"丝绸之路经济带"与"丝绸城"有关合作的备忘录，与摩尔多瓦、白俄罗斯签署了政府间经贸合作委员会框架内加强共建丝绸之路经济带合作的谅解备忘录。2015 年 5 月 7 日，哈萨克斯坦总统纳扎尔巴耶夫在同到访的习近平主席谈话时表示，哈萨克斯坦支持中方提出的"一带一路"倡议，愿成为丝绸之路经济带建设的重要伙伴，做好丝绸之路经济带建设同"光明之路"经济发展战略的对接，加强同中方在经贸、产能、能源、科技等领域合作，加强在亚信、亚洲基础设施投资银行等框架内的合作。2015 年 5 月 10 日，白俄罗斯总统卢卡申科在与到访的习近平主席谈话时表示，完全支持中方提出的丝绸之路经济带和 21 世纪海上丝绸之路重要设想，白方愿成为中方"一带一路"倡议的重要支柱，支持扩大同中方在人文领域的交流合作。此外，中国还与马来西亚启动了海洋领域合作五年规划的编制工作，与斯里兰卡、马尔代夫签署了海洋领域合作文件，与南非签署了双边海洋领域合作文件，与瓦努阿图签署了海洋合作协议。

（2）在设施联通方面，中国与沿线国家实现一批引人注目的早期收获项目。例如，中(国)俄(罗斯)同江铁路桥已开工建设，中(国)巴(基斯坦)喀喇昆仑公路二期升级改造项目、瓜达尔港东湾快速路(疏港路)建设项目积极推进。建设了一批跨境信息通道项目。中(国)哈(萨克斯坦)连云港物流合作基地建设进展顺利。新开通一批国际航线，新增一批"72 小时过境免签"机场口岸。中缅天然气管道和中国—中亚天然气管道 C 线投入运营，中国—中亚天然气管道 D 线开工建设。吉尔吉斯斯坦比什凯克热电站改造项目正式启动，塔吉克斯坦杜尚别 2 号水电站二期工程开工。

(3) 在贸易畅通方面，与俄罗斯、马来西亚分别推进产业园区合作新模式，与印度签署在印度开展产业园区合作的谅解备忘录，与印度尼西亚签署印尼—中国综合产业园区协定。白俄罗斯中白工业园区开工建设，中(国)乌(兹别克斯坦)吉扎克工业园、中(国)哈(萨克斯坦)霍尔果斯国际边境合作中心建设进展顺利。与俄罗斯签署中俄东线天然气合作项目政府间协议和企业购销合同，签署西线天然气合作项目政府间备忘录。推进区域全面经济伙伴关系(RCEP)谈判、中国—东盟自由贸易区升级谈判、中国—海合会自由贸易区谈判和中国—斯里兰卡自由贸易区谈判，完成了中国—以色列自由贸易区联合可行性研究。

(4) 在资金融通方面，亚洲基础设施投资银行和丝路基金这两大投融资平台，已启动筹建。2014 年 10 月 24 日，包括中国、印度、新加坡等在内 21 个首批意向创始成员国的财长和授权代表在北京正式签署《筹建亚投行备忘录》，共同决定成立亚洲基础设施投资银行(AIIB)。2015 年 6 月 29 日，亚洲基础设施投资银行的 57 个意向创始成员国代表在北京出席《亚洲基础设施投资银行协定》签署仪式，标志着成立亚投行及其日后运营有了各方共同遵守的"基本大法"，迈出筹建最关键一步；2014 年 11 月 8 日，习近平主席宣布中国将出资 400 亿美元成立丝路基金，同年 12 月 29 日，丝路基金有限责任公司在北京注册成立，并正式开始运行。丝路基金入股三峡南亚公司，与长江三峡集团等机构联合开发巴基斯坦卡洛特水电站等清洁能源项目，这是丝路基金成立后的首个投资项目。此外，中国积极推动与沿线尚未正式建立监管合作机制的国家签署银行业、证券期货业双边监管合作谅解备忘录，逐步推动在区域内建立监管协调机制。积极支持银行业等金融机构进一步深化与沿线国家金融机构间合作，加快在沿线国家设立分支机构，新批准了 6 家沿线国家合格境外机构投资者(QFII)资格。强化中国—欧亚经济合作基金投资功能。

(5) 在民心相通方面，中国与沿线国家大力开展人文合作。与沿线国家互办文化节、艺术节，以及国际电影节、国际旅游节等活动，在斯里兰卡、老挝等国设立了中国文化中心。组织实施了"丝路书香工程"和"丝绸之路影视桥工程"，推动与沿线国家在图书出版、影视作品创作等方面开展交流与合作。中(国)哈(萨克斯坦)吉(尔吉斯斯坦)三国联合申报的丝绸之路"长安—天山廊道路网"成功入选联合国教科文组织的世界文化遗产名录。一年多来，已累计向沿线有关国家提供中国政府奖学金 1.8 万名。与南亚、东南亚、中亚国家共建国家联合实验室迈出实质步伐，中国—东盟技术转移中心工作成效显著，中国—东盟遥感卫星数据共享与服务平台基本建成。

此外，中方特别注重在"一带一路"建设中推进生态环境保护合作。与印度签署了加强跨境河流合作的谅解备忘录，与俄罗斯签署在防洪减灾领域合作谅解备忘录，与柬埔寨、老挝签署了水资源领域合作谅解备忘录，与土库曼斯坦签署林业与荒漠化防治合作谅解备忘录：与波兰、伊朗签署林业合作谅解备忘录，与罗马尼亚签署森林、湿地保护和野生动物保护合作谅解备忘录，与新加坡签署环境合作谅解备忘录，与东盟各国合作制定并实施《中国—东盟环境合作行动计划(2014—2015)》，启动制定了《中国—东盟环境保护合作战略(2016—2020)》。推动实施《南海及其周边海洋国际合作框架计划》，建立了中印尼海洋与气候联合研究中心、中泰气候与海洋生态环境联合实验室。

地方积极响应。2013 年以来，地方积极响应"一带一路"建设，与中央政府密切配合、展开合作，协力举办了一系列以"一带一路"为主题的国际峰会、论坛、研讨会、博览会。包括中国—阿拉伯国家博览会、亚信峰会、亚欧峰会、博鳌亚洲论坛、欧亚经济论坛、中国—东盟博览会、中国—亚欧博览会、中国—南亚博览会，以及中国西部国际博览会、中国—俄罗斯博览会、丝博会、江海国际博览会、2015 年进口商品博览会、中国—中东欧国家投资贸易博览会等。此外，沿线国家地方、民间也联合举办专项投资、贸易、文化交流研讨会，以此增进理解、凝聚共识、深化合作。

2013 年 9 月 15 日，中国—阿拉伯国家博览会在宁夏回族自治区银川市开幕。中国—阿拉伯国家博览会是经国务院批准，由中国商务部、中国国际贸易促进委员会、宁夏回族自治区政府共同主办的国家级、国际性综合博览会，以中国和阿拉伯国家为主体，面向全世界开放。习近平主席向博览会发来贺信。他强调，中国愿在相互尊重、互利共赢的基础上，同包括阿拉伯国家在内的世界各国开展各领域友好合作。中国—阿拉伯国家博览会体现出："一带一路"是促进共同发展、实现共同繁荣的合作共赢之路，是增进理解信任、加强全方位交流的和平友谊之路。中国—阿拉伯国家博览会每两年举行一届，2015 中国—阿拉伯国家博览会主题是"弘扬丝路精神，深化中阿合作"。

2014 年 5 月 20 日至 21 日亚信峰会在上海召开，与会各方共商安全合作大计，共谋长治久安良策，共享发展繁荣盛举，达成广泛共识。习近平主席主持会议并发表题为《积极树立亚洲安全观，共创安全合作新局面》的主旨讲话，强调中国将同各方一道，积极倡导共同、综合、合作、可持续的亚洲安全观，搭建地区安全合作新架构，努力走出一条共建、共享、共赢的亚洲安全之路。习近平主席倡导的亚洲安全观为"一带一路"建设的推进奠定了坚实基础。

亚欧峰会则于 2014 年 10 月 16 日在意大利米兰召开，本次峰会的主题是构建负责任的伙伴关系，促进经济可持续增长和安全，而"互联互通"成为本次峰会主要议题。李克强总理在会上提出了三点建议：亚欧国家通过支持多极化和多边合作联手确保地区和平、安全和发展；推进互联互通，创立亚欧统一市场；加强民间交流。该三点建议是"一带一路"建设的重要组成部分。

2014 年博鳌亚洲论坛以"亚洲新未来：寻找和释放增长新动力"为主题，设"丝绸之路复兴：对话亚洲领导人"分论坛。中国、老挝、巴基斯坦、东帝汶、泰国、俄罗斯等国政要都对"一带一路"的计划展开了畅想和讨论。国务委员杨洁篪指出，建设丝绸之路经济带和 21 世纪海上丝绸之路的倡议将使丝绸之路的复兴与亚洲的整体振兴交融并进，贯穿"亲、诚、惠、容"的周边外交理念，促进亚欧大陆国家间的互信和互利。2015 年博鳌亚洲论坛则以"亚洲新未来：迈向命运共同体"为主题，亚投行与"一带一路"成为关注焦点。习近平主席围绕"一带一路"发表主旨演讲，强调"一带一路"建设秉持共商、共建、共享原则。除博鳌亚洲论坛外，2015年欧亚经济论坛筹备工作已经启动，核心主题为丝绸之路经济带建设。

2014 年，以"一带一路"为主题的博览会方兴未艾，中国—东盟博览会、中国—亚欧博览会、中国—南亚博览会、中国—俄罗斯博览会、中国西部国际博览会顺利举行。第 11 届中国—东盟博览会以"共建 21 世纪海上丝绸之路"为主题，积极推动海上丝绸之路在重点合作领域的发展。第 4 届中国—亚欧博览会以"开放合作，共建丝绸之路经济带"为主题，推动丝绸之路经济带沿线国家的交流与合作。第 2 届中国—南亚博览会则本着"促进中国—南亚全面合作与发展"的宗旨，以"扩大服务贸易，促进投资合作，加快互联互通，共建经济走廊"为主题。首届中国—俄罗斯博览会在哈尔滨举行，作为双边经贸合作的初步尝试，中俄博览会得到了两国高度重视。第 15 届中国西部国际博览会在成都举行，作为西部地区对外开放的重要窗口，西博会有力地促进了西部地区与世界各国特别是泛亚国家的经贸合作，推动了西部地区经济社会的发展。

2015 年上半年，西洽会暨丝博会、江海国际博览会、进口商品博览会、中国—中东欧国家投资贸易博览会等多个以"一带一路"为主题的博览会顺利举行。第 19届西洽会暨丝博会以"共建丝路合作平台，推进区域开放发展"为主题，共同探讨丝路沿线国家相地区深化合作、繁荣发展之策，与会各国代表达成共识，共同促进"一带一路"战略构想。江海国际博览会以"聚焦一带一路，展示江海风采"为主题，是南通市在国家深入实施"一带一路"、"长江经济带"战略的大背景下举办的一次全面展示和推介南通经济社会发展成果、推动经贸文化交流合作的综合性盛会。2015 年进口商品博览会举办了一系列与"一带一路"相关活动。这些活动的举办促进了沿线国家的经贸往来和人文交流。首届中国—中东欧国家投资贸易博览会在"扩大开放合作，共建一带一路"的主题下，开展了投资洽谈、贸易展览、会议论坛、人文交流等四大板块 18 项重要活动，为中国与中东欧之间的常态化合作注入了新的动力。在"一带一路"这座超级新引擎的吸引下，中国和中东欧之间的双边经贸正在提速，双边合作也正驶入"快车道"。

第 12 届中国—东盟博览会、中国—东盟商务与投资峰会于 2015 年 9 月 18 至 21 日在广西南宁举行。其中一项重要活动是建立中国—东盟电商平台。活动将推动建立中国—东盟电子商务交易平台，为区域内企业搭建平台，推动双边经贸合作不断发展，为推动共建 21 世纪"海上丝绸之路"，打造中国—东盟自贸区升级版做出积极的努力。

2015 欧亚经济论坛组委会于 2015 年 7 月 29 日宣布，2015 欧亚经济论坛定于 2015 年 9 月 23 日至 26 日在陕西西安举行。本届论坛主题为"创新合作模式，共享丝路繁荣"，旨在通过政商学界的广泛对话，探寻欧亚各国共同参与"一带一路"建设的创新模式，引导区域合作不断迈向纵深。

沿线国家地方及民间举办的以"一带一路"为主题的研讨会，涉及经济、贸易、投资、文化、安全各领域。如"一带一路"国际合作暨中国企业中东发展研讨会、"一带一路"检验检疫高层国际研讨会、"一带一路"建设安全与合作研讨会、"一带一路"海洋文化研讨会等。此外，地方政府为积极衔接"一带一路"战略，更好地融入"一带一路"建设，也纷纷召开与当地情况相契合的专题研讨会，就当地经济社会发展与"一带一路"建设展开讨论。以"一带一路"为主题的研讨会的召开对深化"一带一路"的理解具有重大促进作用。

6）"一带一路"建设面临的挑战

"一带一路"建设面临的风险与挑战，主要体现在以下几个方面：

一是海外不同版本"新丝路"计划可能相互影响或冲突。在中国提出"一带一路"战略构想之前，已经有一些重要的沿线国家、域外大国和国际机构提出有关该区域合作的发展策略或规划。例如，美国就曾提出"新丝绸之路计划"。此外，俄罗斯、印度、日本、哈萨克斯坦、土耳其等都有类似的构想，都想发挥主导作用。不同版本"丝绸之路复兴计划"或多或少会对"一带一路"建设形成一定的影响甚或冲突。中国倡议共建"一带一路"，主张合作发展、共同受益，但有些国家不这样看，有些国家甚至把它作为中国的扩张主义战略看待。有些国家即便口头表示支持，但实际参与中非常谨慎，甚至采取平衡的策略。"一带一路"建设是一个多边逐力的舞台，它最终能否成功，要看中国能否与有关各方达成共识，以实现互利共赢。

二是沿线部分国家安全形势或政局走势复杂严峻。"一带一路"沿线国家中，有些国家和地区政局不太稳定，有些国家和地区极端势力、恐怖主义势力严重。例如中亚地区"三股势力"活跃，恐怖事件和不测事件频发，严峻的安全环境给丝路经济带实现"设施联通"和"贸易畅通"平添风险。再有，不少沿线发展中国家正处于社会和经济结构转型时期，在安全和发展方面普遍存在不确定性矛盾，其中地处中东、中亚以及南亚的国家尤其如此。由此带来的政治风险和经济风险不容小视。在风险应对上，一方面要加强对沿线国家的政治深入了解，对政局变动有预测、有对策，避免因政局变动而使建设受到影响；另一方面，要加强与当地的安全合作，共建反恐、反极端势力的合作机制，对大通道、大项目的安全要有常设的安全保卫机制、信息收集和通报机制。

三是重大项目面临较大投资风险。"一带一路"是大工程，是一个长期计划，建设至少需要几十年的时间才可能见成效。沿线许多国家的投资环境并不令人乐观。中国的大型国企甚至比较有竞争力的民企经常"被政治化"。因此，我们不能只算"大账"不算"小账"，而应该一方面算战略账、发展账，另一方面也要算投资回收、投资效益等。特别是参与建设的中方企业，必须精打细算，具有风险意识，并能有效防控风险。无论是政府还是企业，对沿线国家违约风险都要有应急预案。

2. 中国"一带一路"与美国 TPP 战略对全球经济的作用

2008 年爆发国际金融危机以来，美国经济复苏迹象至今不明显，日本经济陷入收缩泥潭，欧洲挣扎在主权债务危机之中。在中国扩大国内自由贸易区试点和深化改革开放取得进展，并在国际上推进"一带一路"战略的新形势下，美国决定加快分裂全球贸易体系的步伐，加速跨太平洋伙伴关系协定(TPP)谈判，以创立新的贸易投资规则和标准，代替 WTO 过去 20 年日益完善的规则体系，成为主导全球新的贸易投资规则和标准。美国与欧盟推动跨大西洋自由贸易区谈判以及秘密推进的《服务贸易协定》谈判，都企图以更高标准的贸易投资规则制衡新兴经济体特别是抑制和束缚中国贸易投资增长势头，限制中国发展，进而边缘化和孤立中国，实现亚太力量再平衡战略。

美国高官多次喊话要求中国主导的亚洲基础设施投资银行遵守美国的金融准则。2015 年 4 月 26 日奥巴马在接受《华尔街日报》采访时说道："如果美国不在亚洲制定贸易规则，中国就会制定贸易规则。"他提出与中国争夺新的全球贸易投资规则和标准制定主导权，并且获得美国国会 TPP 谈判快速法案授权。

在贸易规则博弈中，中国过去一直跟随美、日、欧制定的既有多边贸易规则和标准，没有自己制定新标准的计划，但是现在被美国掀起的新一轮贸易投资规则战争所胁迫，不得不应战了。

尽管美、日、欧一直主导着全球贸易投资规则和标准的制定权，并且不断推出包括竞争中立、政府采购、环境标准、知识产权等新标准、新要求、新问题巩固其话语权，但是以中国为代表的新兴经济体和发展中国家一直呼吁希望加快全球经济秩序和治理体系改革，实现国际政治和全球治理的民主化，让各国具有参与全球性贸易投资规则和标准制定的平等权利。新一轮贸易投资规则和标准成为发达国家与发展中国家、中美之间展开战略博弈的焦点。

美、日、欧在现有全球贸易投资规则和标准下渐失优势，企图掀起新一轮贸易投资规则和标准战争，掌握全球贸易投资规则和标准制定的主导权，遏制以中国为代表的新兴国家的发展。但它们新的规则和标准有致命的弱点，看不到生命力。中国积极推动实施"一带一路"战略，争取掌握新贸易投资规则和标准制定的主导权，以中国特色的价值理念开展贸易投资规则和标准的博弈，将促成具有中国特色的贸易投资规则和标准体系，并在全球经济中广泛应用和成为国际惯例，推动全球经济秩序向着更加公正合理的方向发展。

1) 美国 TPP 战略推进面临的不利因素

TPP 谈判的高标准是未来国际贸易的发展方向，代表了以美国为代表的发达经济体的利益。但是现在实行，尤其是发展中国家和新兴经济体实行如此高标准的国际贸易规则，对这些国家来说，比较难实现，或者说实现这些高标准要付出巨大的代价。TPP 各成员国经济实力和结构与科技实力相关很大，各国的市场发育程度也不尽相同。其成员国在面临市场风险时，都会考虑各自的发展。随着 TPP 谈判的继续深入，各个国家权衡利益之后，在有些方面比较难做出妥协。TPP 谈判中存在一些难以解决的分歧，例如日本的农业问题是美国与日本谈判的敏感且关键的话题。虽然日本的农业人口占日本人口不到 2%，但它却对日本在 TPP 协议的谈判中起重要阻碍作用。面对中国的崛起，TPP 协议对日本的经济发展与政治战略具有重大意义，TPP 也将为日本带来巨大的经济利益。但是日本的农业协同组合(JAC，简称农协)，在日本起着举足轻重的作用。日本农协组织经营领域涉及银行、保险，贸易等，是一个多功能性的商业组织。日本支持农民发展农业，这就为日本在 TPP 谈判形成严重阻碍。

争夺全球贸易投资规则与标准制定主导权成为一场具有重大战略价值的博弈。任何国家制定国际贸易投资规则和标准都以最大限度维护本国利益为目标。谁掌握贸易投资规则和标准制定主导权、话语权，谁就处于国际竞争的优势地位，获得长期的战略利益。掌握国际贸易投资规则和标准制定权具有重大的战略价值。因此，这种贸易投资规则和标准制定权的争夺就成了国际经济领域战略博弈的焦点。

近年来，贸易投资规则和标准千差万别。数十个国家正在或已经对各自的国际投资协定范本进行修订，一些国家甚至终止与他国签订的双边投资协定试图重修协议。各国都在摸索和寻找比较合适的贸易投资规则和标准。

美国是运用国际贸易投资规则和标准维护自身霸权利益的典范。美国学者和政治家总是以本国的条件提出充分发挥自身优势的贸易投资规则和标准，使本国企业处于有利竞争地位，要求其他伙伴都接受其格式条款，置对手于不利。而且一旦美国企业在竞争中处于下风，就会提出新的贸易投资规则和标准，根据自己的需要重新设计规则。美国希望永远主导全球贸易投资规则和标准的制定权，这样其他国家永远只有跟从和处于不利的地位。美国正是通过牢牢掌握全球贸易投资规则和标准制定主导权，建成损人利己、扬己之长而攻彼之短，达到限制对手发展目的的不公平规则和标准，从而获得巨大的战略优势地位。

美国新贸易投资规则和标准体系限制和削弱别国优势。美国推动的跨太平洋伙伴关系协定是其占据未来亚洲乃至全球贸易投资规则和标准制定权的战略支柱，也是美国对华实施遏制和再平衡战略的关键工具。2015 年 6 月 2 日奥巴马在接受美国公共电台"市场"栏目采访时指出，如果不达成 TPP，美国在与中国的经济竞争中将有处于劣势的危险。明确要以 TPP 与中国展开贸易规则主导权争夺，认为 TPP 将有助于抵消中国日益增长的影响力，TPP 成功与否对于美国确立新的贸易投资规则和标准具有战略意义。

2015 年 4 月美国外交关系委员会发布罗伯特·布莱克威尔和阿什利·泰利斯撰写的报告认为，过去几十年美国将中国融入自由国际秩序的努力实际上适得其反，如今中国势力威胁到美国"在亚洲的主导地位"，美国应该采取多种措施进行反击，包括"通过有意识地将中国排除在外的手段，在美国的朋友和盟国之间建立新的特惠贸易安排"。未来美国达成 TPP 协议就是要限制和排除中国等世界其他国家出口，削弱其比较优势，构建其进入市场参与竞争的难度和成本的新壁垒。显然，TPP 成为美国用来分裂全球贸易体系的、建立排华制华的排他性封闭贸易集团，成为美国拉帮结派、输出美国价值观、把美国规则转变为全球规则的战略平台。美国领导人对其贸易规则带有更强的自我利益至上内容直言不讳，公然在地区或全球贸易规则这样的公共产品里隐藏不可告人的私利，这是美国贸易投资规则和标准的致命弱点。奥巴马表示："如果我们不尝试设计规则，美国的企业和工人将会被排除在外，因为这里有一个很大的国家，它叫做中国，它发展迅速、具有巨大的吸引力和号召力。如果美国能同中国的邻国达成一个包含更高标准的协议，中国将会考虑按照国际惯例行事。"其实他的话有点危言耸听了。如果美国不制定贸易规则，即使中国制定全球贸易规则，也不会把美国企业和工人排除在外，中国推动的多边或区域合作协议都是开放的，不会搞美国式的封闭贸易集团。确实在既有多边贸易规则和标准下，美国企业将会逐渐失去来自价格竞争的优势，因此美国试图重新制定一个所谓更高的贸易标准并成为国际惯例，如果中国不接受美国的标准而被排斥在 TPP 之外，就会让中国企业比 TPP 成员付出更高代价才能进入美国市场；如果中国接受美国的高标准并加入 TPP，那么中国必须要为达到美国高标准付出更大努力和代价，从而可以有效限制和削弱中国等发展中国家的比较优势。这就是美国力推 TPP 高标准谈判的目的所在。

2015 年 6 月 8 日美国国务卿克里和国防部长卡特在《今日美国报》上联合撰文呼吁众议院通过授权奥巴马政府进行跨太平洋伙伴关系协定(TPP)谈判的贸易促进法案，表示这将是一个让美国同时提高自身繁荣与全球领导地位的宝贵机会，他们写道："TPP 有助于美国推动反映美国利益与价值观的全球秩序，它是第一份解决国有企业相关问题并确保互联网自由开放的贸易协议，通过引领贸易美国可以展开全球最高标准的竞赛，发展开放、公平和以规则为基础的全球经济，否则由中国提供的低标准贸易协议将会使那些最快放弃价值观、不计代价的竞争者获益。"显然，美国推出的贸易高标准就是为了抵消发展中国家由于劳动力及资源廉价、环境保护成本较低所具有的出口产品价格的比较优势，从而保护美国国内具有较高生产成本的中低端制造业利益，保护美国市场和就业。因而美国不希望看到由中国主导提出较低贸易标准成为全球通行的贸易投资规则和标准，削弱美国产业及工人参与全球贸易的优势。由此可见，美国贸易保护主义的本质。

美国新的贸易投资严规则、高标准严重歧视和限制了中国等发展中国家的比较优势，损害发展中国家的贸易利益。美国贸易投资严规则、高标准事实上就是对经济发展落后国家的贸易投资壁垒和限制，是贸易投资保护主义的另一种表现。实质上，美国所谓公平贸易原则是站在美国人利益立场上并以此为标准判断的公平竞争，其实质是对落后国家和与其形成竞争关系国家的贸易投资活动的歧视或变相拒绝。

2) 美国 TPP 战略推进的有利因素

TPP 成员国的产业竞争小于他们之间的互补。虽然各成员国在少数领域存在较强的竞争力，但是各国的产业结构的确存在较强的互补性。美国、日本等发达国家在高科技产业上具有优势，智利等国在自然资源上具有优势，越南、马来西亚等国在劳动密集型产业上具有优势，这种互补的结构对 TPP 协议的成功签署起着较强的推动作用。美国作为 TPP 协议的主导国家，其强大的经济向心力也有利于 TPP 成功实现谈判。日本虽然在农业问题上难以与美国达成一致，但是日本宣布加入 TPP 谈判，借以强化与美国的同盟关系，也是明确表明了继续追随美国的态度。从"P4"到TPP，也是表明了 TPP 协议的成员国的内在需求。东亚地区经济发展具有活力，对自由贸易的潜在诸多需求，希望借助 TPP 谈判促进其经济发展。

3) 美国"新丝绸之路"计划

美国"新丝绸之路"计划是 2011 年 7 月由时任美国国务卿希拉里·克林顿在印度参加第二次美印战略对话期间第一次明确提出。2011 年 10 月，美国国务院向美国驻有关国家大使馆发出电报，要求将美国的中亚、南亚政策统一命名为"新丝绸之路"计划成为美国的正式官方政策。

(1) 美国"新丝绸之路"计划的背景。"新丝绸之路"这一构想最初由美国约翰霍·普金斯大学中亚高加索研究所所长弗雷德里克·斯塔尔教授提出，美国战略与国际研究中心(CSIS)也参与了构想的制定。根据(CSIS)的报告，"新丝绸之路"是一个完全覆盖欧亚空间地区的经济存在，巩固在阿富汗反恐行动的成果，实现美国广泛的战略目标。最初，美国国务院认为该计划构想并不可行，但在 2010 年，"新丝绸之路"战略得到了美国中央司令部的支持。

实施"新丝绸之路"计划是美国对阿富汗战略转移的重要标志，表明美国对阿富汗的战略已从注重北约作用并奉行军事第一、经济第二，过渡为重视地区国家并以经济社会发展为中心。美国"新丝绸之路"计划的提出既有美国国内因素的推动，也是适应国际形势变化的客观要求。从美国国内情况看，美国经济复苏前景堪忧，民众厌战情绪不断上升，反恐战争难以为继，奥巴马政府面临巨大压力。从国际形势来看，自"9.11"以来，美国的战略重心基本集中于伊拉克战争和阿富汗反恐战争，在某种程度上忽视了亚太地区。而在"9.11"以后的十年里，亚太地区逐渐崛起成为世界上最具活力的地区。为了应对国际格局的新变化，美国开始将战略重心从伊拉克和阿富汗转向经济上充满活力和潜能的亚太地区。

(2) 美国"新丝绸之路"计划的主要内容。从表面上看，美国政府推进的"新丝绸之路"计划的主要内容有两个方面：一是推进地区贸易自由化，减少非关税贸易壁垒，改进监管制度，实施透明的边境通关手续，协调各国贸易政策等。如促使印巴签署了首个双边贸易协定；推动巴基斯坦和阿富汗签署自由贸易协定与过境贸易协定，推动双方的经济发展；加强对阿富汗司法部门和海关等机构的援助；加强与印度的战略伙伴关系等。二是通过建设能源管道和基础设施如道路、桥梁、电力传输网、铁路等，扩大中亚、南亚地区商品、服务和人员的连接能力。如阿富汗—土库曼斯坦—巴基斯坦—印度全长 1680 千米的天然气管道项目(TAPI)；旨在建设六条运输走廊以贯穿中亚的中亚区域经济合作项目(CAREC)；阿富汗—巴基斯坦—印度的高压输电线路(CASA-1000)项目；长达 80 千米的马扎里沙里夫—铁尔梅兹铁路项目等。

(3) 美国"新丝绸之路"计划的新进展。目前，"新丝绸之路"计划的部分项目已经完成，例如乌兹别克斯坦—阿富汗铁路已竣工，塔吉克斯坦桑土达水电站已开始向阿富汗送电。"新丝绸之路"计划的两大核心项目——CASA-1000 输变电项目和TAPI 天然气管道项目也有一定程度的进展。参与 CASA-1000 输变电项目的四国已就价格问题达成协议，该项目得到了世界银行和亚洲开发银行的支持，预计将于 2018年中期完工。TAPI 天然气管道项目也得到了世界银行和亚洲开发银行的支持，中亚另一天然气生产国乌兹别克斯坦也考虑加入该项目，以实现本国天然气出口多元化。

4) 中国"一带一路"战略促进各国共同发展

"一带一路"倡议要从战略概念实体化为一个新的国际合作组织机构"一带一路"倡议是一个区域发展梦想、区域发展规划安排，实际上是一个区域发展战略。这个战略落到实处就是一个区域发展组织。这个组织是一个松散的、以合作发展为目标的、以共建共享共赢为宗旨的区域经贸合作组织。

共建"一带一路"实质就是构建一个新的国际经贸合作组织，在其中各国之间自愿合作，共同促进发展。共商、共建、共享和共赢是"一带一路"贸易规则的基本原则。"一带一路"贸易规则制定的技术路线是在民主协商基础上，形成基本一致的意见，多数表决通过。加入和参与此组织要履行自愿申请、组织讨论、组织批准和成员国内法定批准等有关程序。参与"一带一路"合作组织并接受其章程与规则，可以享有其相应的权利，同时承担一定的义务。

(1) 中国"一带一路"合作组织要有自己的贸易投资规则和标准体系。现有多边的和美国新的贸易投资规则与标准体系都不能恰如其分地满足共建"一带一路"的特定环境和任务需要。"一带一路"沿线各国政治、经济、科技、文化、宗教和社会发展差异很大。各国政治体制、权力结构、治理能力以及政治稳定性、可持续性差别明显。各国经济发展水平、发展条件、内外环境与经济结构相当不平衡。科技输出型国家、科技自主型国家和科技依赖型国家并存。信奉佛教、伊斯兰教、基督教、天主教和东正教等宗教文化的各国齐聚在这块连接非洲、阿拉伯半岛和欧亚大陆上。少数国家已经进入后工业化、信息化社会，多数国家正在工业化前期，也有一些国家还没有进入工业化社会的门槛。

在这样一个纷繁复杂的世界里，希望用目前既有的多边贸易投资规则和标准体系实现共同发展，现实告诉我们已经失败，许多国家没有在这个体系下发展起来。美国新的更高标准的体系更不适合大多数落后国家的发展需要，盲目采用美国推行的严规则、高标准会遭到多数国家的反对，也很难推动"一带一路"沿线国家经贸合作达成共识。因此，"一带一路"需要构建符合自身条件和环境的贸易投资规则与标准体系。中国不能指望拿既有多边的和美国新的贸易投资规则和标准体系，去实现共建"一带一路"战略任务和目标，必须要面对"一带一路"沿线各国社会经济发展差异大的现实，根据自身条件和实施"一带一路"战略需要，与各国共商构建适合共建"一带一路"贸易投资新的规则和标准体系，这样的贸易标准体系会受到各国的拥护，会具有很强的生命力。

(2) 中国"一带一路"合作组织成为树立富有自身特色贸易规则的战略平台。近年来，与许多发展中国家一样，中国深受西方贸易投资规则和标准的压迫，对旧的国际经济秩序和现有多边贸易规则非常不满意，但是中国目前没有制定过国际贸易投资规则与标准，也未打算过自己主导制定国际规则。然而，现在国际格局和国际形势发生了变化。中国倡议和领导落实"一带一路"计划必须要制定一套符合自身实际需要的贸易投资规则与标准。中国看穿了西方贸易标准的两面性，认识到必须要掌握自己命运，应积极参与全球化规则重构。中国作为新兴的发展中经济体代表，对不合理的全球经济秩序不能不管不问，不能躲避，要负起责任，要有所作为，构建代表广大发展中国家利益的合理的贸易投资新规则和标准体系。中国不谋求主导全球贸易投资规则制定权，但中国期望开创一个平等的、没有霸权的全球治理新模式，希望与世界各国共同改进全球治理。

美国在亚太地区拉山头，搞排除中国的 TPP 贸易集团，中国就必须要有自己的区域贸易组织。"一带一路"作为一种开放的、自愿的、松散的贸易组织因此孕育而成。针对 TPP 加快步伐强化贸易投资规则和标准在全球治理中所具有的标杆意义，与其形成鲜明对比的"一带一路"倡议，也需要走出坚实步伐，拿出切合实际意义的贸易投资规则和标准体系，回应美国的行动。未来中国即使不能完全掌握国际贸易投资规则和标准的制定权，也要积极迎战美国新贸易投资规则和标准制定权的博弈，至少要能与美国"分庭抗礼"，你搞你的新贸易投资规则和标准，我搞我的新贸易投资规则和标准，最终看谁的新贸易投资规则和标准更有生命力。

"一带一路"合作组织就是中国与美国 TPP 展开贸易规则博弈的战略平台，这是中国与美国开展对话、谈判和博弈的筹码。中国通过"一带一路"创立自己的俱乐部，它展现一个带有组织性质概念的势力范围相当大的全景画卷，中国要开始制定国际规则了。中国领导和推动的"一带一路"组织机构会着手推进经贸合作协定谈判，制定出更加合理的国际经贸合作规则。中国正为发展中国家利益做出特别的努力，与其建立了信任，相反美国却摒弃它们，中国将以"一带一路"倡议带领发展中国家制定具有全球影响力的贸易规则，发挥领导作用。"一带一路"就成为了中国与美国开展贸易投资规则与标准博弈的战略承载工具。未来，在"一带一路"合作组织机构的贸易投资高官会框架下，会下设"一带一路"贸易投资规则与标准委员会，开展贸易投资规则与标准的商讨、谈判和制定工作。

中国要在"一带一路"合作组织的贸易投资规则与标准委员会工作中发挥引领作用。作为"一带一路"首倡国、"一带一路"合作组织机构缔造国、"一带一路"合作组织机构全面工作主持国，中国将领导"一带一路"合作组织机构制定出适合共建"一带一路"发展需要的、具有中国特色的贸易投资规则与标准体系。

(3) 中国"一带一路"贸易规则促进各国共同发展。中国"一带一路"的贸易投资规则和标准体系与美国的新贸易投资规则和标准有着根本利益关系、价值观和生命力等方面的区别。中国等发展中国家主要靠廉价劳动力、资源的比较优势以及规模经济形成的竞争优势，打开国际市场，但是缺乏技术等知识产权优势，因而要求贸易投资规则自由掌握、宽松灵活、标准放低。虽然中国目前还没有制定具体的贸易投资规则和标准，但中国推动形成"一带一路"贸易投资规则和标准应当是在尊重伙伴主权基础上促进成员间持续自愿开放和贸易投资自由化的、动态灵活的，具有广泛适应性和包容性特点的，能够充分发挥各国经济互补性和比较优势的，能够促进各成员共同发展的。中国推动的共建"一带一路"战略会采取贸易投资较为宽松灵活规则和相对较低的标准，而且包容性大，是开放的、非排他的，不仅不会因为成员参与其中而限制自己的发展，损害自身利益，而且能够照顾大多数国家贸易投资利益，特别是比较落后国家的发展权利和利益，让每个参与共建"一带一路"成员的福利得到改进，使每个成员大体同步发展而不掉队。"一带一路"贸易规则制定的出发点是通过沿线各国的自愿开放与互利合作，实现共同发展和共同繁荣，秉持的是构建命运共同体的精神理念，强调的是共商、共建、共享的平等互利方式，通过富帮穷、强带弱建立命运与共的发展共同体。中国贸易投资规则和标准要保持开放、合作、共享理念，基于共同的市场原则，同时要照顾各方利益，不仅要照顾出口方利益和进口方利益，而且要照顾投资方权益和受资方权益，保持权利与义务、权利与责任的大体平衡，使各方均从贸易投资合作中获得适当利益，不使任何一方利益受到持久损害。因而，中国特色的贸易投资规则和标准体系会受到广泛的接受、欢迎和支持，容易推行和落实，成员内几乎没有阻力和反对声音，而且具有效率高、效果快的特点，会具有很强的生命力。

(4) 中国"一带一路"的贸易投资规则是对现有贸易规则先进思想的继承发扬，

是对现有全球贸易投资规则体系的完善、补充。"一带一路"的贸易投资规则会充分认识、体现市场经济规律和发展趋势，根据"一带一路"合作组织的整体经济发展水平逐步提高贸易投资自由化水平，降低各种成本和阻力，提高政策及实施的透明度，减少信息不对称性，自愿采用不同发展水平的负面清单管理模式。同时，中国"一带一路"的贸易投资规则会扬弃西方贸易投资规则和标准体系的落后价值观，突出中国价值观和中国优秀文化。美国贸易投资规则和标准带有弱肉强食、以邻为壑、零和博弈、赢者通吃以及霸权理念、单边主义、冷战理念、绝对安全理念的价值观，很不受欢迎。"一带一路"的贸易投资规则与标准体系，具有不同于美国价值观的特征，突出体现了中国价值观，包括重视集体商讨、反对霸权和单边主义、促进国际合作民主化、不干涉成员内政与主权、强调贸易投资活动的社会责任要求、尊重市场原则、消除垄断、追求平等、遵守契约、保护劳动权益、保护知识产权、保护环境、鼓励有道德的公平贸易投资。把和谐亚洲、和谐世界理念，反对霸权、对抗、排他，共建亚洲命运共同体和世界命运共同体，把和平、合作、共赢理念融入"一带一路"贸易规则和标准体系之中，体现中国理念、中国价值观和中国文化魅力的中国特色。中国要坚持互不干涉内政原则，各国掌握国家政治、经济、文化改革发展自主权、主动权，加强贸易投资政策沟通，特别是贸易规则与标准的沟通磋商，不搞"一言堂"、不搞霸权和以强凌弱，不能只强调自身利益而损害伙伴利益，强调发展中国家的发展利益优先地位。

"一带一路"经贸活动各领域、各方面规则与标准制定都要体现以上价值观和原则，包括服务于"一带一路"的各种金融组织机构。在亚洲基础设施投资银行、丝绸之路发展基金以及未来成立的上海合作组织开发银行、亚洲金融合作银行中，都将既借鉴国际通行标准和惯例，又排除过去国际金融体系以政治因素绑架经济融资的方式，制定和运行符合自己需要的一套富有中国文化、中国特色的投融资标准体系，实现与各国际金融机构的投融资标准兼容相通，又高效服务"一带一路"战略。

作为与美国力推的 TPP 协定谈判的贸易规则相对应，中国领导的"一带一路"合作组织要根据国际环境、条件和发展阶段要求，形成符合自身需要的、动态的贸易投资规则和标准，要把推进共建"一带一路"作为促进全球经济秩序变革、促进全球治理体系更加公平合理和全球贸易投资规则与标准更加包容的战略工具，高度重视在"一带一路"章程和规则制定中体现中国特色的投资规则和标准体系。

思考题

1. 简述美国 TPP 战略与中国"一带一路"对外开放战略的内涵。
2. 怎样理解中国"一带一路"战略促进各国共同发展？

参 考 文 献

[1] 中华人民共和国国民经济和社会发展第十三个五年规划纲要

[2] 2016 年政府工作报告

[3] 中共中央关于制定国民经济和社会发展第十三个五年规划的建议

[4] 国家发展和改革委员会编写.《中华人民共和国国民经济和社会发展第十三个五年规划纲要》辅导读本. 北京：人民出版社，2016

[5] 徐绍史. 创新和完善宏观调控方式. 人民日报，2015-12-01

[6] 徐珂. 2016 年政府工作报告解读. http://www.71.cn/2016/0306/868767/shtml

[7] 政府工作报告 2016 年八大任务如何完成. 人民日报(海外版)，2016-03-18

[8] 国家创新驱动发展战略纲要. 人民日报，2016-05-20

[9] 李扬，张晓晶. "新常态"经济发展的逻辑与前景[J]. 经济研究，2015，(5)

[10] 彭向升. "新常态"下的中国宏观经济—学习习近平同志关于中国经济"新常态"的重要论述[J]. 现代经济探讨，2015，(4)

[11] 刘伟，苏剑. "新常态"下的中国宏观调控[J]. 经济科学，2014，(4)

[12] 贾康，苏京春. 探析"供给侧"经济学派所经历的两轮"否定之否定"—对"供给侧"学派的评价、学理启示及立足于中国的研讨展望[J]. 财政研究，2014，(8)

[13] 贾康，苏京春. "三驾马车"认知框架需对接供给侧动力机制构建—关于宏观经济学的深化探讨[J]. 全球化，2015，(3)

[14] 新常态下的中国经济〔N〕. 人民日报，2014-8-8

[15] 关于积极推进"互联网＋"行动的指导意见. 新华社，2015-07-4

[16] 中国制造 2025. 新华社，2015-5-19

[17] 李克强. 制定"互联网+"行动计划 实施"中国制造 2025". 人民网，2015-03-5

[18] 郭铁成. 中国制造 2025：智能时代的国家战略. 人民论坛·学术前沿，2015，(19)

[19] 李克强. 互联网+双创+中国制造 2025 将会催生一场"新工业革命".
　　　http://www.gov.cn/zhengce/2015-10/14/content_2946992.htm

[20] 蔡海龙，刘艺桌. 跨太平洋伙伴关系协议(TPP)对中国农业的影响. 农业技术经济，2013，(9)

[21] 刘中伟，沈家文. 跨太平洋伙伴关系协议(TPP)研究前沿与构架. 当代亚太，2012，(1)

[22] 何帆，杨盼盼. 中国不应缺席 TPP[J]. 经济导刊，2013(2)

[23] 黄洁. 美国推 TPP 对两岸 ECFA 的影响和对策[J]. 国际贸易问题，2012，(8)

[24] 姜跃春. TPP 新特征与日本加入谈判的影响[J]. 亚太经济，2014，(2)

[25]   李春顶. TPP 年底签署成泡影，TTIP 又会怎样[J]. 世界知识，2014，(1)

[26]   李慧，祁春节. 跨太平洋伙伴关系协议的发展及中国应对之策[J]. 世界农业，2014，(3)

[27]   李富有，何娟. 美国自由贸易协定战略及中国的应对措施[J]. 西安财经学报，2007，(3)

[28]   李永. TPP 与 TTIP：美国意欲何为[J]. 国际纵横，2013，(10)

[29]   林至颖. 中美 TPP 博弈[J]. 中国经济和信息化，2012，(4)

[30]   刘昌黎. TPP 的内容、特点与日本参加的难题[J]. 东北亚论坛，2011，(3)

[31]   刘中伟，沈家文. 跨太平洋伙伴关系协议(TPP). 研究前沿与架构[J].当代亚太，2012，(1)

[32]   刘中伟，沈家文. 跨太平洋伙伴关系协议对东亚生产网络的影响与中国应对. 太平洋学报
        [J]，2013，(1)

[33]   吕娟. 论美国主导下的跨太平洋伙伴关系协议及其对中国的影响[J]. 东南大学学报(哲学社会
        科学版)，2012，(12)

[34]   申现杰，肖金成. 国际区域经济合作新形势与我国"一带一路"合作战略[J]. 宏观经济研
        究，2014，(11)：30-38

[35]   秦玉才，周谷平，罗卫东. "一带一路"读本. 杭州：浙江大学出版社，2015